Ingrid Kraaz von Rohr
Gabi Pörner
Das Phoenix Prinzip

Ingrid Kraaz von Rohr
Gabi Pörner

Das Phoenix Prinzip

Die Kunst, sich selbst zu retten

Allegria

Allegria ist ein Verlag der Ullstein Buchverlage GmbH
Herausgeber: Michael Görden

ISBN 978-3-7934-2183-2

Umschlaggestaltung: FranklDesign, München
Titelabbildungen: shutterstock
Innenabbildung: fotolia/christemo
Lektorat: Marita Böhm
Satz: Keller & Keller GbR
Gesetzt aus der Baskerville
Druck und Bindearbeiten:
Bercker, Kevelaer
Printed in Germany

Inhalt

1

Das Phönix-Prinzip

> Wer sich der Wahrheit des Wandels stellt,
> wird reich beschenkt.
> Unbekannt

Fast jeder kennt die Redewendung« … wie Phönix aus der Asche«. Doch woher kommt sie? Was bedeutet sie?

Seit Jahrhunderten ist Phönix das Sinnbild für seelisch-geistige Wiedergeburt.

Die alten Ägypter verehrten den Fabelvogel Phönix als heilig, bei den Christen gilt er als Symbol für Auferstehung, und die römische Version vom Phönix besagt, dass er alle fünfhundert Jahre freiwillig seine alte, beengende Form verbrennt und kraftvoll, frisch und transformiert aus der Asche emporsteigt, um einen neuen Zyklus seines Lebens zu beginnen.

Dieser Mythos versinnbildlicht die nie endende Notwendigkeit, uns von Überholtem zu lösen, um frisch, kraftvoll und klar unser Leben zu gestalten.

Das Phönix-Prinzip ist das Grundprinzip von freiwilligem, absichtsvollem Wandel, das Grundprinzip von Abschied und Neubeginn oder das Grundprinzip lebenslanger Entwicklung.

… wie Phönix aus der Asche, so können auch wir uns von überholten Gewohnheiten und einschränkenden Denk- und Handlungsmustern lösen, uns erneuern und mit frischen Kräften und Ideen unser Potenzial entfalten und Neues erschaffen.

2

Einleitung

Was vor uns liegt
und was hinter uns liegt,
ist unbedeutend verglichen mit dem,
was in uns steckt.
Ralph Waldo Emerson

Die Welt wird immer turbulenter, sie verändert sich schnell. Was gestern noch als sicher galt, ist heute überholt.

Von der äußeren Welt können wir keine Sicherheit erwarten, das haben wir gerade in der Finanz- und Wirtschaftskrise gesehen. Weder die Politik noch Unternehmen oder andere Organisationen können uns Sicherheit geben.

Deshalb bedarf es einer grundsätzlichen Umorientierung.

Wenn wir in der Außenwelt schon keine Sicherheit erwarten können, dann gilt es unsere Aufmerksamkeit um 180 Grad zu drehen und nach innen zu wenden.

Alles, was wir brauchen, um uns wohl und sicher zu fühlen, ist in uns. Manchmal, in besonderen Augenblicken, spüren wir diese innere Kraft und Stärke. Doch oft wird sie überlagert von Konflikten, Problemen, der Hektik und den 1001 Gedanken des Alltags, dann fühlen wir uns getrieben und gehetzt und stolpern in die nächste Krise.

Unsere Chance und Aufgabe ist es, zu uns selbst zurückzufinden. Es gilt uns wieder an unsere innere Kraft und Stärke anzudocken, denn aus ihr erwächst unsere wahre Sicherheit.

Wir sind aufgefordert, unser Selbstvertrauen und unsere innere Sicherheit und Stabilität zu stärken, damit wir für anstehende äußere Veränderungen gut gerüstet sind und unser Leben weiterhin aktiv und freudvoll gestalten können. Wir brauchen eine solide innere Grundlage, die uns sicher trägt.

Althergebrachte konditionierte Denk- und Verhaltensweisen helfen da nur beschränkt weiter. Sie führen oftmals zu Konflikten, Druck und Stress, Zweifeln, Ängsten, aber auch zu Gefühlen der Überlastung und der Ohnmacht.

Wir haben Angst, unsere Ziele nicht zu erreichen, arbeitslos zu werden, vom Partner verlassen zu werden. Unser Denken dreht sich im Kreis, wir fühlen uns frustriert, sind sauer auf uns oder den Rest der Welt und erwarten, dass »die Umstände« oder andere Menschen sich ändern, damit es uns besser geht!

Niemand wird sich für uns ändern, niemand holt uns die glühenden Kohlen aus dem Feuer. Es kommt auch kein Prinz auf einem weißen Pferd um die Ecke, um uns zu retten!

Wir sind keine Opfer des Schicksals oder Produkte unserer Konditionierungen, auch wenn wir das bisweilen glauben. Wir müssen auch nicht unbedingt leiden. Wir können unser Leben aktiv und freudvoll meistern und mit den Höhen und Tiefen des Daseins auf konstruktive Weise umgehen.

Der Schlüssel zu einem erfüllten und erfolgreichen Leben liegt in uns selbst, in unserer Fähigkeit, uns von alten, überholten Denkmustern zu verabschieden und uns für neue Horizonte zu öffnen. Wir haben die Chance, unser Denken, Fühlen und Handeln absichtsvoll und zielgerichtet zu beeinflussen. Wir können dem Denken eine neue Richtung geben, eine Richtung, die uns mehr Zufriedenheit, Klarheit, Dankbarkeit schenkt. Genau darum geht es in dem Buch. Dazu braucht es Verständnis und Mitgefühl, das Wissen, dass wir etwas ändern können, UND die unbedingte Bereitschaft, es auch zu wollen und zu tun!

Wenn Sie mit dem Phönix-Prinzip arbeiten, können Sie altgewohnte Denk- und Handlungsmuster lockern und gewinnen

- mehr Selbstvertrauen und innere Sicherheit,
- innere Kraft und Klarheit,
- Ausdauer,
- erweitertes Bewusstsein und neue Perspektiven,
- das Wissen, »ich schaffe es«,

und lernen innere Wege kennen, wie Sie Ihr Denken bewusst beeinflussen und erfüllt leben können. Ihre Wahrnehmung wird weiter, offener und Sie sind mehr mit sich und der Gegenwart verbunden.

Im Einzelnen geht es um folgende Themenbereiche:

- wie Sie sich mit Ihren inneren Kraftquellen verbinden und »bei sich« bleiben
- wie Sie innere Stabilität und Selbstvertrauen gewinnen, obwohl die äußeren Umstände möglicherweise nicht optimal sind
- wie Sie sich von alten Blockaden lösen und sich für neue Chancen öffnen
- wie Sie mit dem inneren Kampf aufhören und die Realität annehmen
- wie Sie sich von Ängsten lösen und Ihr Vertrauen vertiefen
- wie Sie Ihr Potenzial entfalten und das, was Sie wollen, auch wirklich erreichen
- wie Sie sich abgrenzen und für sich selbst einstehen
- wie Sie innere Balance finden

Sie bekommen mit dem Buch zudem praktikable Werkzeuge und Übungen an die Hand, mit denen Sie über Ihre Gedanken- und Gewohnheitsmuster hinauswachsen, Klarheit gewinnen und mit Ihrer wahren Natur in Verbindung kommen können. Sie können antrainierte Perspektiven wechseln und bewusst neue Möglichkeiten für Ihr Leben entwickeln und diese aktiv umsetzen. Sie bekommen obendrein Anregung und Unterstützung in Form von Bachblüten, Ernährungsvorschlägen, Farbtherapie, damit Sie auf allen Ebenen etwas für sich tun und sich dabei wohlfühlen können.

3

Was hilft mir bei der Selbsterforschung?

Du bist auf dieser Welt,
um deine Melodie zu singen,
um deinen Tanz zu tanzen.
Du bist auf der Welt,
um dein Bild zu malen
und deinen Weg zu gehen.
Tu es und warte nicht darauf,
bis andere dir die Erlaubnis erteilen.
G. P.

Wer bin ich wirklich?
Was sind meine Stärken und Lernnotwendigkeiten?
Was läuft in meinem Leben gut?
In welchen Bereichen meines Lebens bin ich zufrieden/unzufrieden?
Welche genauen Ziele habe ich?
Wie kann ich noch besser mit Problemen, Konflikten, Veränderungen umgehen?

Fragen über Fragen. Die Antworten zu finden und sich selbst zu erforschen ist eine recht persönliche Angelegenheit, die uns niemand abnehmen kann. Je besser wir uns selbst kennen, desto klarer wissen wir, was für uns wichtig ist, desto leichter können wir unsere Ziele erreichen, desto leichter können wir mit den äußeren Anforderungen und Veränderungen umgehen getreu dem Motto »Selbsterkenntnis ist der erste Schritt... zu lebenslanger Entwicklung, Freude und Zufriedenheit«. Nun ist das ja leichter gesagt als getan!

Der Spruch »Erkenne Dich selbst«, der bereits das Orakel von Delphi schmückte, hat bis heute nicht an Gültigkeit verloren, auch wenn sich viele Menschen immer weniger Zeit für Selbsterkundung und Selbsterforschung nehmen. Doch, was andere Menschen tun, ist deren Sache!

... Manchmal stehen wir wie der Ochs vor dem Berg und wissen nicht weiter.

Ein anderes Mal wüssten wir genau, was wir zu tun hätten – tun das genaue Gegenteil davon und ärgern uns hinterher über uns selbst! Ein drittes Mal schieben wir Probleme wieder und wieder vor uns her in der Hoffnung, dass sie sich von alleine auflösen, doch zu dumm, sie lösen sich nicht in Luft auf.

Doch gleichgültig, welches Problem, welchen Konflikt Sie lösen oder welches Ziel Sie erreichen wollen, jedes Mal haben Sie auf dem Weg dorthin eine Chance, persönlich wie fachlich dazuzulernen. Sich selbst kennenzulernen ist eine große Abenteuerreise. Sie ist manchmal spannend, verunsichernd, bestätigend, freudvoll, belustigend, ermutigend, erkenntnisreich, lehrreich, entlastend, stärkend – in jedem Fall lohnenswert.

Sie werden bei diesem Erkenntnisprozess mit angenehmen, aber auch mit unangenehmen Themen, Eigenschaften, Gefühlen konfrontiert.

Das bewusste nicht wertende Wahrnehmen Ihrer eigenen Unsicherheiten, Zweifel und Ängste, aber auch Ihrer Größe und Stärken, Ihrer Einzigartigkeit ist ein wichtiger Schritt zu einem erfüllten Leben. Dabei können Sie Einstellungen, Überzeugungen und Lernnotwendigkeiten entdecken, die lebensförderlich sind, aber auch solche, mit denen Sie sich selbst sabotieren. Und genau dann können Sie bewusst Ihre persönlichen Grenzen erkennen, sich für Neues öffnen und Handlungsspielraum erweitern.

Es kann Spaß machen, die eigenen mentalen Fallen zu durchschauen und sie durch konstruktive Alternativen zu ersetzen, und es erfordert Bereitschaft, Mut und Ausdauer, alle Facetten – auch unliebsame – Gefühle und Empfindungen wahrzunehmen und auszuhalten! Es lohnt sich, für sich selbst »am Ball« zu bleiben, und ist ein lebenslanger Prozess der zunehmenden Selbstannahme und Selbstachtung, denn Sie laufen immer weniger vor Ihren Gefühlen, Gedanken und Empfindungen davon. Sie können zunehmend Grenzen setzen, gewinnen inneren Abstand und Macht über Ihre Gedanken und Gefühle und bleiben gelassen, wenn's »heiß« wird. Sie sind mehr und mehr gegenwärtig, mit sich selbst verbunden und sitzen wieder selbst am Ruder Ihres Lebens – und so soll es doch auch sein, oder?

Mit der Einsicht in alte Konditionierungen können Sie immer mehr darüber schmunzeln, wie verbissen Sie doch gelegentlich Ihre Dinge erreichen wollten, und entdecken immer klarer, wer Sie wirklich sind, was Sie wirklich wollen, und setzen sich zunehmend dafür ein. Wenn das keine guten Aussichten sind!

4

Wann bin ich auf dem Höhepunkt des Lebens?

Das Leben schenkt dir
in jeder Minute
neue Möglichkeiten zu wachsen.
Erlaube dir,
sie zu nutzen!
G. P.

Die Gegenwart ist eine sehr starke, kontinuierliche Kraft im Leben eines jeden Menschen … denn nur in der Gegenwart leben, lachen, lieben, leiden, denken und handeln wir. Nur in der Gegenwart entfalten sich Frieden, Mitgefühl, Tatkraft, Ausdauer. Nur in der Gegenwart schmieden wir Pläne und setzen uns Ziele.

Oftmals sind Menschen aber mit ihren Gedanken in der Zukunft und kreieren Hoffnungen, Sorgen, Druck und Stress. Oder sie sind gedanklich mit der Vergangenheit beschäftigt, verherrlichen sie und sind frustriert, weil das Leben nicht mehr so schön ist, wie es einst, dereinst war. In beiden Fällen erleben sie die Gegenwart reduziert.

Die große Herausforderung besteht darin, den gegenwärtigen Augenblick wahrzunehmen – das, was gerade jetzt ist, während Sie diese Zeilen lesen.

Wir neigen dazu, uns an fixe Vorstellungen, wie das Leben sein sollte, zu klammern, und ignorieren, bekämpfen die Gegenwart, sobald sie von unseren Konzepten abweicht.

Wir leiden und hoffen, dass sich unsere Vorstellungen erfüllen.

Doch die Wirklichkeit hat ihre eigenen Regeln, sie folgt nicht unseren Vorstellungen. Leider!

Warum also gegen die Realität kämpfen, die ohnehin größer ist als wir?

Warum nicht das Leben so annehmen, wie es ist, und sich FÜR die lebensförderlichen Themen einsetzen?

Die Gegenwart kann unser größter Lehrer sein. Sie lehrt uns, realistisch zu werden!

Vielleicht kennen Sie den Spruch »Der Höhepunkt deines Lebens ist jetzt!«.

Sie glauben es nicht?

Wann sollte er sonst sein?

Wenn Sie vielleicht den idealen Job oder den wunderbarsten aller Partner gefunden und geheiratet haben, Kinder bekommen oder eine Weltreise gemacht haben?

Wer die Erfüllung des Lebens in die Zukunft verschiebt und sich von hehren Hoffnungen nährt, lebt gestresst und verpasst die Gegenwart genauso wie derjenige, dessen Verstand in die Vergangenheit wandert, sich an schöne oder weniger schöne Erlebnisse und alte Konzepte klammert. Dabei geschieht das Leben immer nur – jetzt und wieder – jetzt.

In dem Song »Lebe den Augenblick« der Band »Plexic« singt Sascha Benecken:

»Jetzt ist der Augenblick zu leben,
jetzt ist der Augenblick zu lachen,
jetzt ist der Augenblick zu handeln,
immer nur jetzt und wieder jetzt.«

Also sind Sie gerade jetzt auf dem Höhepunkt Ihres Lebens, oder? Wenn nicht jetzt, wann dann?

Wahrnehmungsübung für gestresste ZeitgenossInnen

Wenn Sie bemerken, dass Ihnen gerade vielerlei Gedanken durch den Kopf rauschen …

a) *Setzen Sie sich, schließen Sie die Augen und atmen Sie mehrere Male tief aus.*

b) *Spüren Sie bewusst, wie tief Sie atmen, und nehmen Sie die kleine Lücke zwischen dem Ein- und Ausatmen wahr, ohne dass Sie Ihren Atemrhythmus bewusst verändern. Nehmen Sie wahr, wie sich Ihr Brustkorb und Ihr Bauch heben und senken – im eigenen Rhythmus.*

c) *Als Nächstes nehmen Sie wahr, wie Sie da sitzen. Nehmen Sie bewusst wahr, wie sich Ihr Körper anfühlt, und gehen Sie langsam Ihren ganzen Körper durch – von den Fußsohlen über die Beine, den Rücken, Bauch und Brustraum, Hals, Kopf und die Arme … Geben Sie sich viel Zeit, damit Sie wirklich spüren können, wie sich Ihr Körper genau anfühlt. Wie warm ist er? Wie entspannt?*

d) *Nehmen Sie Ihre Gefühle wahr – wie fühlen Sie sich genau jetzt? Ruhig? Gelassen? Heiter? Gelöst? Fühlen Sie sich wohl? Etc.*

Sie werden merken, wie Sie sich durch diese Übung ganz allmählich entspannen.

Unterstützung durch Bachblüten

Dr. Bach hat eine ganze Gruppe von Bachblüten herausgefunden, um das »mangelnde Interesse an der Gegenwart durch aktive Teilnahme« zu ersetzen, und empfiehlt dazu jeweils bestimmte Affirmationen (*siehe Kapitel: Bachblüten*).

5

Wie finde ich meine Ressourcen?

Ein Augenblick der Freude
trägt dich über viele Stunden.
G. P.

Es läuft im Leben nicht immer so glatt, wie wir es gerne hätten. Immer wieder stoßen wir an unsere Grenzen. Manche Menschen haben übergroßes Lampenfieber, manche sagen Ja, obwohl sie Nein sagen wollten. Manche Menschen haben nicht den Mut, ihre Träume zu verwirklichen, andere leiden unter Stress oder sind krank. Wäre es da nicht hilfreich und praktisch, wenn es Möglichkeiten gäbe, die uns helfen, alte ungünstige Denk- und Verhaltensweisen abzulegen und angemessen mit solcherlei Situationen umzugehen?

Genau in solchen Situationen können Sie an Ihre eigenen Ressourcen gezielt andocken und tatkräftig handeln.

Was versteht man unter Ressourcen?

Das Wort »Ressource« kommt aus dem Lateinischen, dann Französischen und heißt »Mittel, Quelle«. Ressourcen sind positive Erfahrungen und innere Qualitäten, Handlungen, Menschen, Orte, die uns Stärke geben und wohltuend auf uns wirken. Ressourcen sind eine äußerst wichtige Kraftquelle und damit eine starke Motivationshilfe.

Mit Unterstützung Ihrer Ressourcen schaffen Sie die besten Ausgangsbedingungen, um herausfordernde Situationen zu meistern.

Durch Ihre Ressourcen

- bekommen Sie innere Sicherheit, Stabilität und Halt,
- fühlen Sie sich kraftvoll, mental stark und mit der Welt verbunden,
- bleiben Sie gelassener und haben das innere Wissen, »ich schaffe das«,
- sind Sie motiviert, tatkräftig anzupacken, und bereit, sich voll für Ihre Ziele und Aufgaben zu engagieren,
- können Sie gut mit Veränderungen und leichter mit belastenden Situationen umgehen,
- sind Sie zuversichtlich, lernen dazu und entwickeln sich weiter,
- werden Selbstvertrauen und Selbstwertgefühl gestärkt.

Ressourcen können auch genutzt werden, um Selbstheilungskräfte zu aktivieren und das Immunsystem zu stärken.

Es gibt innere und äußere Ressourcen.

a) **Innere Ressourcen** sind die positiven Qualitäten und Potenziale eines Menschen. Als innere Ressourcen können uns unsere Fähigkeiten, gute Erfahrungen, angenehme Erinnerungen, unsere Werte, unsere Kultur und Religion, unsere Verbindung zu etwas Größerem dienen.

Hierzu ein Beispiel:

Ein Ingenieur, der sich auf seinen Antrittsvortrag für die Professur an einer Universität vorbereitete, war sehr nervös und hatte Bedenken, ob der Vortrag »gut genug« war. Um seine Ressourcen gezielt zu aktivieren, stellte er sich im Coaching bildhaft-konkret noch einmal eine Situation vor, in der er ein großes Projekt erfolgreich abgeschlossen hatte. Er sah im Geist die ganze Situation deutlich, lebendig, sinnlich vor sich – er sah, wie das Industriegebäude fertiggestellt war, wie der Kunde und alle Beteiligten hochzufrieden waren und ihm Beifall klatschten. Er spürte körperlich, wie stolz er auf sich war, auf seine Kompetenz, die ihm geholfen hatte, das Projekt erfolgreich abzuschließen. Er freute sich über seine Ausdauer, seine Kreativität und Flexibilität, mit der er bis zum Abschluss »am Ball« geblieben war, und fühlte sich erneut energiegeladen und stark, war glücklich und zufrieden.

Mit diesem kraftvollen Körpergefühl und diesen guten Gefühlen stellte er sich nun im Geist den Vortrag an der Uni vor – wie er sicher dastand, locker und lebendig. Er sah, wie das Publikum neugierig auf seinen Vortrag war und er Spaß daran hatte, sein Wissen zu teilen.

Er freute sich auf den Vortrag.

Ein paar Tage später rief er mich an. Seine Antrittsrede war tatsächlich sehr gut bei Jury und Publikum angekommen.

Durch unsere inneren Ressourcen fühlen wir uns den aktuellen Anforderungen gewachsen und haben die Gewissheit, dass es sich lohnt, sich einzusetzen und aktiv am Leben teilzuhaben.

b) Auch **äußere Ressourcen** können als unterstützende Kräfte dienen: Dies können uns nahestehende Menschen sein, aber auch Hobbys, Reisen oder Bücher, Entspannungsübungen und Meditation.

Wohnräume können ebenso kraftvolle Ressourcen sein wie Pflanzen, Farben, Haustiere. Eine der stärksten Ressourcen ist die Natur – und wohl die meisten Menschen haben schon kraftvolle Momente in der Natur erlebt, Momente, in denen sie abschalten, sich erholen und neue Kraft schöpfen können und sich als Teil des großen Ganzen fühlen.

»Ich sitz auf dem Gipfel eines Berges, spür den Wind und die Wärme der Sonne. Die anderen Berggipfel leuchten golden. Um mich herum ist alles still. Das ist ein solcher Moment des Glücks und der Freude. Ich bin dankbar, dass ich das erleben darf«, erzählte eine Trainingsteilnehmerin und lächelte dabei. Das ist ihr »Platz der Freude«, den sie sich immer wieder ins Gedächtnis ruft, wenn sie ihn braucht.

Es sind so viele kleine Dinge, die uns bereichern und nähren können – funkelnde, von der Sonne beschienene Tautropfen am Morgen, das Lächeln eines Fremden, wirbelnde Flocken im Winter, die Stille zwischen zwei vorbeifahrenden Autos...

Sogar Märchen- oder Filmfiguren, aber auch religiöse Figuren wie Buddha, Jesus oder Krishna können als Quellen der Kraft und der Zuversicht dienen.

Der Fantasie sind keine Grenzen gesetzt. Letztendlich gibt es so viele individuelle Ressourcen, wie es unterschiedliche Menschen gibt.

Ein Hochleistungssportler, mit dem ich die Freude habe zu arbeiten, ist in seinem Sport sehr erfolgreich und weltweit unterwegs. Wenn er abends im Hotelzimmer liegt, lauscht er der Musik von Reinhard May. Dessen Lieder mochten seine Eltern besonders gern, er hat sie als Kind oft gehört, besonders an gemütlichen Winterabenden im Wohnzimmer. Wenn er die Musik jetzt wieder hört, fühlt er sich sofort »sicher und wundervoll geborgen«. Dieses gute Gefühl gibt ihm vor wichtigen Wettkämpfen Kraft, Klarheit und Vertrauen.

Wann setzen Sie Ihre Ressourcen gezielt ein?

Die Aktivierung dieser Ressourcen ist in allen Situationen sinnvoll, in denen Sie innere Sicherheit, Vertrauen und Stabilität brauchen:

a) bevor und während Sie einen Schritt ins Neuland wagen – vor und während Prüfungen, Bewerbungsgesprächen, wichtigen priva-

ten oder beruflichen Gesprächen, bei Leistungssportlern vor dem Wettkampf;
b) wenn Sie akute oder chronische Herausforderungen und Krankheiten zu meistern haben.

Damit Ressourcen ihre volle Wirksamkeit entfalten können, müssen sie trainiert und automatisiert werden. Dadurch entstehen im Lauf der Übung Halt gebende innere Sicherheit, Vertrauen und Gelassenheit. Sie sind mit all Ihren Kompetenzen wieder verbunden.

Was müssen Sie dabei beachten?

Wesentlich ist,

- dass Sie sich an positive Situationen erinnern und/oder
- konstruktive Fantasien entwickeln, die mit angenehmen Bildern und Handlungen verbunden sind,
- dass Sie alle Sinne – Sehen, Hören, Fühlen, Spüren, Riechen, Schmecken – einbeziehen und
- sich genug Zeit geben, diese Vorstellungen mit sicherem Selbstwertgefühl und stabilem Körpergefühl zu verbinden, sodass Sie dies gut und im ganzen Körper spüren können.

Übungen

a) Persönliche Ressourcen erkennen

Welche persönlichen Ressourcen haben Sie genau? Schreiben Sie all Ihre Fähigkeiten, Ihre Kompetenzen, all Ihre inneren und äußeren Ressourcen auf und erlauben Sie sich, diese mit Ihren guten Gefühlen und Ihrem Körper zu verbinden.

b) Kompetenz auf Knopfdruck

Vorbereitung: *Wählen Sie einen Punkt an Ihrem Körper, den Sie mit einer Hand dann, wenn Sie diese Ressource brauchen, berühren können. Wählen Sie den Punkt so, dass dies unauffällig ist. Drücken Sie zum Beispiel mit der linken Hand Daumen-, Mittelfinger- und Zeigefingerspitze zusammen.*

1. *Erinnern Sie sich umfassend an eine Begebenheit, die Ihnen Kraft und Vertrauen verliehen hat. Es kann zum Beispiel eine Situation sein, die Sie erfolgreich gemeistert haben ... oder eine Situation im Urlaub ... beim Sport ... mit Freunden ... Lassen Sie die ganze Situation wieder vor Ihrem geistigen Auge auftauchen und erleben Sie sie wieder.*

2. *Nehmen Sie wahr, wie Sie mit all Ihren Kompetenzen verbunden sind und diese ganz selbstverständlich zum Ausdruck bringen.*

3. *Was sehen, hören, sagen, tun Sie? Wie ist die Umgebung? Sind andere Menschen dabei? Was sagen Sie zu sich selbst? Und spüren Sie, wie kraftvoll, klar und präsent Sie sich in dieser Situation fühlen, und erlauben Sie sich, dies jetzt weiter zu vertiefen. Nehmen Sie sich viel Zeit dafür, damit Sie sich richtig gut fühlen und in Ihrem ganzen Körper spüren können.*

4. *Wenn Sie das intensiv empfinden, berühren Sie Ihren speziellen Punkt am Körper und verbinden ihn mit all Ihren Kompetenzen.*

5. *Öffnen Sie kurz die Augen, schließen Sie sie wieder und wiederholen Sie die Schritte 1 bis 4.*

Damit Sie auch wirklich per Knopfdruck mit Ihren Kraft- und Motivationsquellen verbunden sind, ist es sinnvoll, diese Übung des Öfteren zu wiederholen, damit die »Batterie« stets aufgeladen und einsatzbereit bleibt. Diese Übung stammt aus dem NLP und wird dort »Moment of Excellence« genannt.

Wahrnehmung des Körpers und Bedeutung körperlicher Ressourcen

Wir leben in einer Gesellschaft, die vor allem verstandesorientiert ist. Zahlen, Daten, Fakten, Analyse, Logik, Berechenbarkeit sind dominierend, Leistung ist extrem wichtig. Gefühle werden weitgehend unterdrückt, der Körper hat zu funktionieren. So haben viele Menschen verlernt, Gefühle und Signale ihres Körpers ernst zu nehmen und auf sie zu hören. Sie sind ständig im Stress, rennen hektisch von einem Ziel zum nächsten, gehen über ihre Grenzen und kommen selbst in der Freizeit nicht zur Ruhe.

Beispiel: Eine verheiratete Mutter von drei Kindern, Abteilungsleiterin in einem Unternehmen, definierte sich ausschließlich über Leistung. Sie hatte einen äußerst hohen Anspruch an sich selbst, wollte eine perfekte Ehefrau und Hausfrau, liebende Mutter und herausragende Abteilungsleiterin sein. Sie wollte ihr Haus tadellos in Ordnung halten, prüfte abends die Hausaufgaben der Kinder, kochte, wusch, bügelte. Auch der Garten sollte dekorativ aussehen, sie selbst ging noch ins Fitnessstudio, um fit, schlank und attraktiv für ihren Mann zu bleiben – kurzum, sie verausgabte sich über die Jahre hinweg völlig, fühlte sich zunehmend erschöpft und ausgelaugt. Sie fühlte sich innerlich leer und hatte Angst, bei der nächsten Restrukturierung entlassen zu werden. Sie konnte schlecht schlafen und bekam Konzentrationsstörungen, sodass sie abends, wenn die Kinder im Bett waren, weiterarbeitete, bis sie schließlich aus »heiterem Himmel« ein Burn-out-Syndrom entwickelte.

Warum ist es so wichtig, die körperlichen Empfindungen wahrzunehmen?

1. Sie können sich selbst besser regulieren und Ihre Kräfte bewusster einsetzen.
2. Sie können die Signale Ihres Körpers als wertvolle Information für Wohlgefühl oder Schmerz erkennen und entsprechend handeln.
3. Über Ihren Körper bekommen Sie rasch Zugang zu Ihren inneren Ressourcen und können diese Kraftquellen gezielt und bewusst aktivieren, wenn Sie diese brauchen.
4. Körpersignale sind ein exzellentes Frühwarnsystem, wenn »irgendetwas« nicht stimmt. Das können Sie dann bewusst überprüfen.
5. Sie können Ihre Bedürfnisse zum Beispiel nach Ruhe oder Bewegung spüren und einen Ausgleich zwischen Aktivität und Entspannung herstellen, sodass Sie vital, kraftvoll und in gesunder Balance bleiben.
6. Wenn Sie Ihren Körper bewusst spüren, können Sie erkennen, welche Emotionen damit zusammenhängen.
7. Wenn Sie mit Ihrem Körper verbunden sind, können Sie erkennen, wie rasch sich Emotionen verändern. In unverbundenem Zustand können sich Emotionen jedoch tagelang ungehemmt breitmachen!
8. Durch bewusste Körperwahrnehmung sind Sie gegenwärtig, Sie sind wach, präsent und klar. Sie sind im Hier und Jetzt und werden sofort ruhiger und gelassener.

9. Eindeutige Körpersignale helfen Ihnen, in Übereinstimmung mit Ihren Gefühlen und dem Verstand die richtigen Entscheidungen zu treffen. Sie erleben sich als selbstbestimmt, klar, authentisch und stehen folglich hinter Ihrer Entscheidung!

Die neuere Hirnforschung zeigt, dass nachhaltige Veränderungen am besten gelingen, wenn Körperempfindungen, gedankliche und bildhafte Vorstellungen und starke Gefühle am ganzen Veränderungsprozess beteiligt sind.

Worum geht's beim Wahrnehmen der Körperempfindungen?

Wahrnehmen des Körpers heißt nichts anderes, als zu spüren, was sich gerade IN Ihrem Körper abspielt. Sie beobachten von innen, was gerade jetzt geschieht, nehmen zum Beispiel wahr, was Sie empfinden und mit welchen Gefühlen Sie das Gespürte verbinden – ohne es allerdings zu bewerten.

Oftmals geschieht allein durch die bewusste Wahrnehmung eine Veränderung.

Die größte Herausforderung der bewussten Wahrnehmung des Körpers ist, mental langsamer zu werden und sich Zeit zu nehmen. Nur dann können wir wirklich spüren, was sich in unserem Inneren gerade abspielt. Wenn wir dagegen im gewohnt schnellen Denken bleiben, ist es nahezu unmöglich zu verstehen, wie sich unser Körper gerade anfühlt.

Wenn ich im Coaching zum Beispiel frage: »Was nehmen Sie gerade jetzt in Ihrem Brustraum wahr?«, kann es sein, dass ein Klient antwortet: »Nichts.« Und wenn ich genauer nachfrage, antwortet er vielleicht: «Ich habe keine Schmerzen, keine Anspannung, kein Stechen oder Ziehen.« Er beschreibt etwas Positives oder Neutrales über Negation, weil er entweder seine Körperempfindungen noch nicht spürt oder noch nicht weiß, mit welchen Wörtern er seine

Empfindungen beschreiben kann. Auch ich habe das lange gemacht, da ich überhaupt nicht wusste, dass ich das auch positiv ausdrücken kann!

Körperwahrnehmung ist eine Reise ins Innere, auf der Sie lernen, eigene Zustände genauer zu unterscheiden, den ganzen Körper als Kraftquelle einzusetzen und sich bewusst mit Ihren Körpergefühlen, Emotionen, inneren Bildern und vorgestellten Bewegungen zu verbinden. Dies ist die optimale Voraussetzung dafür, Ressourcen dann zu aktivieren, wenn es für Sie darauf ankommt.

Übung
Innere Sicherheit und Stärke

- *Nehmen Sie sich Zeit … nehmen Sie Ihren Atem wahr … und erlauben Sie sich, sich zu entspannen.*

- *Erinnern Sie sich an eine Situation, in der Sie sich innerlich sicher und stark fühlten … Es kann eine Situation sein, in der Sie Erfolg in Ihrem Beruf hatten, oder eine Situation aus dem Privatleben.*

- *Stellen Sie sich diese Situation sinnlich-konkret vor – was sehen, hören, fühlen Sie genau? Erlauben Sie sich, diese Kraft, diese Stärke zu spüren und weiter zu vertiefen, sodass Ihr ganzer Körper mit dieser Sicherheit und Stärke aufgeladen wird. Nehmen Sie sich viel Zeit dafür, sodass sich dieses Gefühl innerlich festigen und noch weiter vertiefen kann.*

- *Erlauben Sie sich, die Situation zu genießen und sich über Ihre Sicherheit und Stärke zu freuen.*

- *Spüren Sie weiterhin im ganzen Körper, wie sicher und stark Sie jetzt bleiben.*

6

Wie finde ich den richtigen Blickwinkel für mein Leben?

Ob du glaubst, du kannst etwas,
oder ob du glaubst,
du kannst etwas nicht –
du hast in beiden Fällen recht!
Unbekannt

Der Erste fragt: »Warum geht das nicht?«, und findet 1001 Gründe, warum etwas nicht geht. Der Zweite fragt: »Wie könnte es gehen?«, und entwickelt zahlreiche Ideen, wie etwas gehen könnte. Der Erste schaut auf Probleme, der Zweite entwickelt Lösungen.

Der Erste sagt: »Ich will jetzt nicht in Stress geraten«, und schon spürt er Druck.

Der Zweite sagt: »Ich kann gelassen bleiben«, und schaut, was er jetzt tun will.

Gedanken sind – wie jeder weiß – machtvolle Kräfte. Gedanken wirken. Sie können uns entmutigen oder ermutigen. Sie können uns sabotieren oder unterstützen. Sie können uns ängstlicher oder beherzter machen.

Sie können uns zur Verzweiflung bringen oder uns zur Dankbarkeit veranlassen.

Je nachdem, mit welcher Brille wir in die Welt schauen, bewerten wir sie.

Oftmals denken wir mehr in negativer als in konstruktiver Richtung. Das liegt an unserer evolutionären Ausstattung. Als Höhlenbewohner der Steinzeit war unsere Aufmerksamkeit mehr auf Gefahren und Bedrohungen ausgerichtet. Das war damals überlebensnotwendig, sonst hätte der berühmte Säbelzahntiger uns ein rasches Ende bereitet!

Unsere Gedanken sind so, wie sie sind. Normalerweise machen wir uns keine Gedanken über die Art unseres Denkens und über das Denken überhaupt. So, wie wir denken, ist das selbstverständlich für uns, daran zweifeln wir nicht. Genau deshalb haben wir auch nicht daran gedacht, dass wir unsere Gedanken beobachten und die Art unserer Gedanken wählen können.

Wenn Sie tatsächlich die Wahl Ihrer Gedanken hätten, würden Sie sich dann absichtlich dafür entscheiden, sich selbst abzuwerten, sich zu kritisieren und sich niederzumachen? Würden Sie sich absichtlich entscheiden, Ihr Selbstwertgefühl zu sabotieren und Ihr Selbstvertrauen zu untergraben? Wären Sie dann lieber lustlos und frustriert oder lebendig, motiviert und freudvoll? Würden Sie sich dann lieber für emotionales Leiden oder für Zufriedenheit entscheiden?

Wir haben viel mehr Wahlmöglichkeiten, als wir zunächst glauben.

Wir können uns jedoch auch immer wieder bewusst dafür entscheiden, konstruktive Gedanken zu denken, und nehmen damit einen radikalen Perspektivenwechsel vor. Das bedeutet nicht, die Augen vor der Realität zu verschließen und naiv nur noch Positives wahrnehmen! Es geht nicht um die Unterdrückung negativer Gedanken, denn alles, was unterdrückt wird, kostet Energie, wirkt im Inneren weiter und wird sich früher oder später rächen. Es geht vielmehr um die Verlagerung der Aufmerksamkeit. Wir nehmen weiterhin Situationen wahr, wie sie sind, doch wir haben bewusst die Wahl, ob wir unsere Aufmerksamkeit mehr auf die konstruktive oder negative Seite lenken. Zum Leben gehören Gegensätze, und es läuft nicht immer optimal. Es gibt Zeiten, die sehr herausfordernd sind, die alle Aufmerksamkeit brauchen, um wach zu bleiben und nicht zu resignieren. Doch wir können sogar in schwierigsten Situationen gute Seiten und Lernchancen für uns entdecken und unsere Lebensqualität verbessern. Von Victor Frankl, dem Begründer der Logotherapie, ist folgende Geschichte bekannt: Er war während des Krieges im KZ und beobachtete, dass die dort Überlebenden in der Lage waren, ihrer Situation etwas Positives abzugewinnen und einen Sinn darin zu sehen. Ihr Sinn lag darin, dass sie nach ihrer Entlassung ihre Geschichte erzählen wollten, damit es nie wieder zu einem Holocaust kommen würde!

Wer überwiegend schwarz sieht, der nimmt das helle Licht der Sonne nicht mehr wahr. Klar, oder?

Das hat – langfristig gesehen – unangenehme Auswirkungen für ihn selbst, aber auch für andere. Er konzentriert sich auf die negativen Seiten des Lebens, kann sich und andere nicht wertschätzen, er kann anderen gegenüber nicht mitfühlend sein, weil er für sich selbst kein Mitgefühl empfindet. Wenn das negative Denken – und das ist vielen Menschen ja nicht bewusst – überhandnimmt, werden kollektiv lebensschädliche Bedingungen geschaffen, die zu Gewalt, Kriegen, Zerstörung der Umwelt führen können. Plakativ gesprochen: »Innenweltverschmutzung« führt zu Außenweltverschmutzung.

Jeder hat es selbst in der Hand, worauf er seine Aufmerksamkeit richtet. Wenn unser Fokus auf der konstruktiven Seite liegt, werden positive neuronale Bahnen gestärkt, die negativen werden geschwächt. Mit unseren Gedanken erschaffen wir unsere Wirklichkeit. Konstruktive und negative Gedanken haben ganz unterschiedliche Auswirkungen. Wer negativ denkt, hängt mehr am Alten, sieht überall unüberwindbare Probleme, Schwierigkeiten und traut sich immer weniger zu.

Wer konstruktiv denkt, sieht mehr Möglichkeiten, fühlt sich besser, ist offener für Neues. Es bleibt die alte Frage – ist das Glas halb voll oder halb leer?

Die folgende Tabelle zeigt auf, wie sich konstruktives und negatives Denken auf uns selbst, auf unser Denken, unser Fühlen, unser Handeln und unsere Entwicklung auswirken. Sie sehen, welchen Einfluss Ihr Denken und Fühlen auch auf andere Menschen hat.

a) Lesen Sie bitte zuerst die ***linke Spalte*** *mit den jeweiligen Konsequenzen durch und nehmen Sie dabei wahr, wie Sie sich fühlen und wie Ihr Körper reagiert.*

AUSWIRKUNGEN NEGATIVER GEDANKEN	AUSWIRKUNGEN KONSTRUKTIVER GEDANKEN
– auf Gedanken	**– auf Gedanken**
Sie hängen am Alten, haben Angst vor der Zukunft	Sie sind **neugierig auf Neues**
führen negative Selbstgespräche	führen konstruktive Selbstgespräche
inkompetent oder stur	kompetent und stark
Sie verteidigen Ihre persönliche Komfortzone	Sie sind **neugierig auf Neues**
Aufmerksamkeit liegt auf Schwächen und Schwierigkeiten	Aufmerksamkeit liegt auf Stärken, Wachstums- und Innovationschancen
Auswirkung auf Gefühle	**Auswirkung auf Gefühle**
niedergeschlagen, lustlos, neidisch, frustriert, zweifelnd, ungeduldig, verärgert	lebendig, freudvoll, gelassen, vertrauensvoll, zuversichtlich, ausdauernd, zielstrebig
unsicher	sicher

negative Gedanken	*konstruktive Gedanken*
schwächen Ihr Selbstvertrauen und Selbstwertgefühl	**stärken** Ihr Selbstvertrauen und Selbstwertgefühl
Auswirkung auf den Körper	**Auswirkung auf den Körper**
Sie sind unmotiviert, antriebsarm, haben wenig Energie, sind lustlos, demotiviert, antriebsarm	Sie sind motiviert, leistungsfähig und voll Energie und Tatkraft,
oder sind im Dauerstress	geraten kurzfristig in Stress
Auswirkung aufs Handeln	**Auswirkung aufs Handeln**
Sie handeln reaktiv	Sie handeln tatkräftig
Selbstsabotageprogramme sind aktiv	
Handlungsspielraum und Aktionsradius werden kleiner	Handlungsspielraum und Aktionsradius werden größer
Sie kämpfen **gegen** sich und den Rest der Welt	Sie verwenden Ihre Energie und Kraft **für** Ihre Ziele und Aufgaben
oder gehen in die innere Kündigung, resignieren	
Wirkung auf die sozialen Beziehungen	**Wirkung auf die sozialen Beziehungen**
Sie kritisieren und verurteilen sich und andere	Sie anerkennen sich selbst und andere

Wirkung auf die sozialen Beziehungen	**Wirkung auf die sozialen Beziehungen**
Sie isolieren sich, halten sich zurück	Sie engagieren sich und bringen sich voll ein
	Sie arbeiten gern im Team
Sie werten andere ab	Sie sind ermutigend, wertschätzend
Auswirkungen auf die Spiritualität	**Auswirkungen auf die Spiritualität**
isoliert	sich verbunden fühlen
sehen wenig Sinn	alles hat Sinn, auch wenn man ihn nicht immer versteht
pessimistisch	
das Leben ist ein Kampf	im Fluss sein, aktiv seinen Beitrag zu dem größeren Ganzen leisten
reaktiv	innere Entwicklung und Wachstum sind wichtig
Verantwortung – nein danke! »Andere sind schuld, und ich bin das arme Opfer!«	»Ich übernehme Verantwortung für alle Bereiche meines Lebens«
Sie sagen letztlich NEIN zu sich,	**Sie sagen JA zu sich, sind offen für Neues**
bleiben in Ihrer Komfortzone	und entwickeln sich weiter

*b) Lesen Sie nun die **rechte Spalte** mit den Auswirkungen positiver Gedanken durch. Wie fühlen Sie sich jetzt? Was denken Sie jetzt?*

Durch Art und Inhalt Ihrer Gedanken gestalten Sie Ihre Gegenwart und Zukunft entweder aktiv-konstruktiv oder reaktiv. Wenn Sie konstruktiv über sich und andere denken, so hat dies konstruktive Auswirkungen.

Viele Menschen jedoch lenken ihre Energie in das Denken, schneiden sich damit von ihren Gefühlen und ihrem Körper ab. Dabei ist es so wichtig, sich mit den Gefühlen UND dem Körper wieder zu verbinden, denn dann erleben Sie sich ganzheitlich, kraftvoll und sind wieder »bei sich«. Sie sind präsent und haben alle Energie wieder zur Verfügung.

Nichts aber ist verantwortungsloser als Pessimismus.
Karl Popper

Übung

- *Beobachten Sie einmal einen Tag lang, ob Ihre Gedanken überwiegend negativ oder konstruktiv sind.*
- *Wann immer Sie sich an einem Tag schlecht oder lustlos fühlen und entsprechend herumhängen, dann überlegen Sie, was Sie an diesem Tag über sich und andere gedacht haben. Waren Ihre Gedanken konstruktiv oder eher nicht?*

Uns geht es nicht darum, dass Sie nicht lustlos sein dürfen, natürlich können Sie das! Seien Sie lustlos, so viel Sie wollen! Das ist Ihre Entscheidung!

Wir möchten vielmehr aufzeigen, dass jeder Mensch mentale Kräfte besitzt, die er für sich nutzen kann, um die Qualität seines Lebens zu erhöhen.

Viele Menschen gehen mehr oder weniger unbewusst mit ihren Mentalkräften um und wissen noch nicht genau, was sie tun können, um sich wirklich wohlzufühlen.

Es gibt ja auch kein Schulfach für diese so wichtigen Angelegenheiten!

Viele haben unbewusst ungünstige Strategien gelernt, bei denen sie sich schlecht fühlen. Manche Menschen halten negative Gedanken für wahr und »realistisch« und bleiben damit »auf dem Boden der Tatsachen«. Dabei sind sie nur gewohnt, so zu denken. Diese Menschen halten jemanden, der guter Dinge ist, für »abgehoben« und »unrealistisch«, nehmen ihn nicht ernst und erkennen nicht, dass sie selbst Gefangene ihrer negativen Gedanken sind.

Wir haben auf der einen Seite die Wirklichkeit, auf der anderen Seite unsere Gedanken, Bewertungen, Interpretationen der Wirklichkeit. Gedanken sind nicht die Realität, weder die negativen noch die positiven – oftmals tun wir aber so, als ob die Gedanken und Realität identisch sind.

Positive Gedanken sind ein Konzept, negative Gedanken sind ein anderes Konzept.

Beides sind Konzepte, doch sie haben unterschiedliche Auswirkungen.

Wir manipulieren uns täglich mit unseren Gedanken, die Frage ist: in welche Grundrichtung. In eine konstruktive, Potenzial fördernde oder in eine einschränkende? Das ist Ihre Wahl!

Der Verstand ist ein wunderbares Instrument, um im Alltag klarzukommen. Dafür brauchen wir ihn unbedingt. Durch ihn sind exzellente Erfindungen entstanden, tolle Produkte, die uns das Leben erleichtern, doch manchmal nimmt er überhand oder wird einseitig.

Und genau deshalb ist es für uns wichtig zu erkennen, wie wir überwiegend denken, DENN dann können wir mental gezielt daran arbeiten.

Wir betreiben doch ohnehin jeden Tag, jede Stunde Mentalmanagement – das ist unvermeidlich, solange wir denken. Also können wir uns doch bewusst für konstruktive Gedanken entscheiden und mehr erreichen.

Kein Wunder, dass viele Hochleistungssportler gezielt mentales Training machen, denn sie wissen, dass bei gleich guten sportlichen und technischen Voraussetzungen derjenige gewinnt, der mental besser drauf ist. Auch immer mehr Trainer setzen bei ihren Sportlern gezielt auf mentales Training. So sagt z. B. Rolf Schilli, Kotrainer der deutschen Nationalmannschaft: »Mentales Training ist aus dem Sport nicht mehr wegzudenken. Wir sind alle aufgefordert, auf dem Gebiet noch besser zu werden.«

Durch unsere mentale Kraft können wir uns zunehmend in die Richtung bewegen, die uns wirklich wichtig ist. Wir alle haben die Möglichkeit, bewusst daran zu arbeiten.

Fragen Sie sich:

- Was will ich wirklich?
- Lebe ich so, wie ich leben will?
- Welche meiner Überzeugungen tun mir gut und stärken mich?
- Mit welchen Nachteilen muss ich rechnen, wenn ich langfristig negativ denke?
- Worauf müsste ich dann verzichten?
- Mit welchen Vorteilen kann ich langfristig rechnen, wenn ich konstruktiv denke?
- Was gewinne ich dadurch?

Probleme lösen oder Chancen nutzen?

Beispiel:

Es gibt Menschen, die an einer **Rose** nur die Dornen wahrnehmen.

Diese Menschen sehen einen Teil und halten ihn für das Ganze!

Es gibt Menschen, die an einer Rose nur die Blüte und den Duft wahrnehmen.

Diese Menschen sehen auch nur einen Teil und halten ihn für das Ganze.

Sie können die Rose aber auch als Ganzes wahrnehmen, bestehend aus Blüte, Blättern, Stängel, Duft usw., und akzeptieren, dass zu dieser Ganzheit auch Dornen gehören.

In diesem Fall sehen Sie die Schönheit der Rose, freuen sich und sind aufmerksam, um sich nicht an den Dornen zu stechen.

Wenn Sie sich nur auf Probleme und Schwierigkeiten konzentrieren, wird es schwierig, Lösungen zu finden, denn Sie blicken in die Vergangenheit, brauchen aber eine Lösung für die Zukunft. Dabei übersehen Sie leicht neue Chancen und Möglichkeiten, die sich in der Gegenwart bieten.

Es gilt die Aufmerksamkeit zu schulen, um, gerade in herausfordernden Situationen, die Lernchancen, zu wachsen und sich weiterzuentwickeln, zu erkennen und zu nutzen. Mit dem Phönix-Prinzip eignen Sie sich die Fähigkeit an, die Perspektive zu wechseln, sich für neue Chancen zu öffnen und beherzt zu handeln.

Übung

- *Schreiben Sie ein aktuelles Problem konkret und genau auf.*
- *Beantworten Sie nun folgende Fragen:*

Was an der Situation missfällt Ihnen?

Was bezeichnen Sie dabei als problematisch?

Was würde passieren, wenn Sie das Problem vor sich her schieben und nicht lösen?

Warum ist es für Sie wichtig, das Problem zu lösen?

Welche Lernchancen bieten sich Ihnen in der Situation?

Welches Ergebnis möchten Sie erzielen? (positiv formulieren)

Woran erkennen Sie, dass Sie das erwünschte Ergebnis erzielt haben?

Sie können das Leben als eine Kette von Lernchancen verstehen, um persönlich zu wachsen und zu reifen, oder als eine Reihe von Problemen, die gelöst werden müssen.

Was für den einen ein Problem darstellt, ist für den anderen nicht der Rede wert, für den Nächsten eine Herausforderung zu wachsen und für den Übernächsten eine Lernchance par excellence.

Finden Sie in jeder Situation die Chance, dazuzulernen!

Wenn Sie Ihre Aufmerksamkeit vom Problemlösen auf das Chancendenken verlagern, verändert sich die Richtung Ihrer Energie. Ihr Unterbewusstsein beginnt einen Suchprozess zum Erkennen von Chancen. Kreative Ideen werden aktiviert. Sie blicken nach vorn, gehen kraftvoller und gelassener an herausfordernde Situationen heran. Natürlich ist es nicht immer einfach, in einer schwierigen Situation die Lernchance zu erkennen, doch ganz sicher gibt es sie!

»Warum überquerte die Kuh die Straße?«

An folgenden fiktiven Beispielen können Sie erkennen, dass jeder Mensch die Welt durch seine eigene Brille sieht und wie unterschiedlich ein und dieselbe Situation interpretiert werden kann.

Ausgangssituation: Eine Kuh trabt über die Straße.

MICHAEL JACKSON: *Mich interessiert bei der Kuh nur: War sie black or white?*

ANGELA MERKEL: *Die Frage ist nicht: Warum überquerte die Kuh die Straße?, sondern vielmehr: Für wen wird sich die Kuh bei der nächsten Wahl entscheiden?*

BARACK OBAMA: *Ich sag da nur: Yes, she can!*

EIN INDER: *Ob die Kuh über die Straße geht oder auf der Straße sitzen bleibt, ist völlig egal. Sie kann machen, was sie will. Wir verehren sie in jedem Fall.*

DALAI LAMA: *Sie will auf der anderen Straßenseite für den Frieden beten.*

HEIDI KLUM: *Ist doch klar, die Kuh wollte zu »Germany's next Topmodel« ins Casting.*

RAMBO: *Lasst gefälligst die Kuh in Ruhe, sonst bekommt ihr es mit mir zu tun.*

PAPST: *Auf der anderen Seite steht eine Kirche, und auch Kühe brauchen den Segen Gottes, nicht nur die Schafe.*

JENS WEISSFLOG, SKISPRUNGLEGENDE: *Die Kuh ist ja ganz nett, aber zum Skispringen viel zu schwer.*

RODENSTOCK, BRILLENHERSTELLER: *Was redet ihr immer von einer Kuh. Ihr alle braucht eine Brille. Die Kuh ist ein Pferd.*[1]

[1] Natürlich wurden diese Sätze in Wirklichkeit nicht gesprochen, wir haben sie den jeweiligen Personen in den Mund gelegt!

7

Wie komme ich raus aus der Bequemlichkeit?

Durch richtige Bewusstheit in
Bezug auf all unsere Aktivitäten
werden die Gewohnheiten des
Denkens und Fühlens
offengelegt und transzendiert.
Krishnamurti

WARUM FÄLLT ES uns oft schwer, etwas zu verändern? Warum klappt es oft nicht, unsere guten Vorsätze oder wohldefinierten Ziele umzusetzen, obwohl wir doch hochmotiviert sind? Warum bekommen wir manchmal unseren Hintern nicht hoch?

Inga Kühn wollte ab sofort etwas für ihre Gesundheit tun. Sie hatte sich fest vorgenommen, dreimal pro Woche nach der Arbeit zu joggen. Sie dachte positiv, hatte eine gute Strategie und einen detaillierten Plan entwickelt, die Termine in ihren Kalender eingetragen und frohgemut begonnen. Alles deutete auf eine gezielte gesundheitsfördernde Maßnahme hin. In der ersten Woche klappte auch alles wunderbar, sie war stolz auf sich, doch es dauerte nicht lange, da schlichen sich kaum merklich interessante Ausreden ein, warum sie gerade heute leider nicht zum Joggen gehen konnte. Sie war entweder zu müde, im Fernsehen kam etwas Spannendes, sie wollte einfach mal nichts tun oder es regnete. Es fiel ihr immer schwerer, sich überhaupt zum Sport aufzuraffen – und nach einiger Zeit dachte sie nur noch gelegentlich: »Eigentlich müsste ich mal wieder joggen«, ohne im Traum daran zu denken, dies in die Tat umzusetzen.

Vielleicht kommt Ihnen das bekannt vor:

- Sie nehmen sich vor, den Konflikt mit Ihrem Kollegen zu besprechen, haben sich die genaue Vorgehensweise nach dem letzten Seminar aufgeschrieben und sind guter Dinge. Doch sobald er den Mund aufmacht, werden Sie wütend und reagieren emotional.
- Oder Sie wollen wiederholt Ihren Schreibtisch/Ihre Küche/Ihren Keller aufräumen – und tun es nicht.

Wir alle wissen doch, dass und warum wir etwas ändern wollen, sollten oder gar müssten, nehmen es uns fest vor – und tun es nicht, obwohl es sinnvoll, nützlich und hilfreich wäre. Woran liegt das?

Hier kommen die viel gerühmten und verschmähten Gewohnheiten – unsere Komfortzone – samt ihren heimlichen Sabotageprogrammen ins Spiel.

Der Begriff »Komfortzone« stammt aus dem Englischen, bedeutet so viel wie »persönlicher Wohlfühlbereich« und wird seit einigen Jahren zunehmend im Bereich der Psychologie verwendet, um gewohnheitsmäßige Denk- und Verhaltensmuster zu beschreiben. Mit diesem Ansatz sind unsere Denk- und Verhaltensmuster leicht nachvollziehbar, UND Sie erkennen, welche unbewussten Sabotageprogramme am Werke sind, die Sie daran hindern, Dinge zu tun, die Sie »eigentlich« tun wollen.

Dieses Modell gilt für Einzelpersonen, für Organisationen, aber auch für ganze Gesellschaften, unabhängig davon, für wie flexibel sie sich selbst halten mögen.

Die Fragen dabei sind:

- Warum fällt es uns schwer, unsere Komfortzone zu verlassen?
- Warum ist die Komfortzone für uns alle so wichtig?
- Welchen Preis bezahlen wir, wenn wir zu lange in unserer Komfortzone bleiben?
- Was gewinnen wir, wenn wir die Komfortzone bewusst verlassen und etwas Neues beginnen?

Doch zuerst die Frage: Wie entsteht überhaupt die Komfortzone?

Jedes Baby wird zu einer bestimmten Zeit in eine Familie mit deren spezifischen Werten, Einstellungen, Überzeugungen, Lebenskonzepten, materiellen und gesellschaftlichen Rahmenbedingungen hineingeboren. Zuerst ist das Baby auf die Liebe und Versorgung der Mutter und der anderen wichtigen Bezugspersonen angewiesen, damit es wachsen und gedeihen kann, und zeigt seine Emotionen ungefiltert. Es schreit, wenn es Hunger hat oder wenn die Windeln voll sind, es lacht und schäkert mit der Mutter oder schläft. Im Lauf der Zeit lernt das Kind über Lob und Liebe, was gut und richtig im Sinn der Normen und Wertvorstellungen der Bezugspersonen ist.

Wenn es sich in deren Sinn falsch verhält, wird das Kind bestraft, getadelt oder ihm wird die Liebe entzogen. Das tut dem Kind weh, es fühlt sich schlecht, beschämt, schuldig oder hilflos und lernt, das, was »falsch« ist, zu unterdrücken und aus seinem Leben auszuklammern. Es hat Angst, die Liebe der Eltern zu verlieren. Also verhält sich ein Kind so, wie die Eltern es wollen, und unterdrückt dabei auch den damit verbundenen Schmerz.

So kommt jedes Kind bereits in eine vordefinierte, vorgeordnete und vorstrukturierte Welt und entwickelt in Auseinandersetzung mit seiner Umwelt bestimmte Einstellungen, Überzeugungen, Werte, Normen. Im Lauf der Zeit entsteht die Komfortzone mit den dazugehörenden Mustern und Regeln. Ist sie erst einmal entstanden, bewegt sich das Kind innerhalb dieser Zone, denn es ist angenehm, im gewohnt vertrauten Rahmen zu bleiben. Bis wir erwachsen werden, haben wir eine solide bequem-behagliche Komfortzone gebildet – bestehend aus automatisierten Gewohnheiten des Denkens, Fühlens und Handelns. Wir wissen, wie wir mit uns selbst und wie wir mit anderen umgehen.

Die Komfortzone ist zwar nicht sichtbar, dennoch handeln wir danach. Kein Wunder, bringt sie uns doch viele Vorteile.

Warum ist unsere Komfortzone so wichtig für uns?

- In der Komfortzone fühlen wir uns sicher, geschützt, geborgen, zugehörig zu bestimmten Gruppen (Familie, Freundeskreis, Kollegen, Sportverein, Partei) und können uns entspannen.

  Für viele Menschen ist Sicherheit gleichbedeutend mit Überleben. Da in unserer Komfortzone alles bekannt und vertraut ist, alles berechenbar und unter Kontrolle scheint, vermittelt sie das Gefühl von Sicherheit sehr stark.

  Solange wir in der Komfortzone bleiben, stehen wir auf der »richtigen« Seite, wissen, was gut und schlecht, richtig und falsch ist. Wir wissen genau, was wir sagen müssen, um gut anzukommen, wissen, welche Themen wir keinesfalls ansprechen dürfen, um niemanden zu verletzen oder zu verärgern, und erhalten dafür Anerkennung, Zustimmung, Bestätigung, Liebe (oder das, was wir dafür halten). Die Komplexität der Welt und des Lebens wird auf Überschaubarkeit reduziert, Ängste werden minimiert.

- Wir denken in angelernten Kategorien, bekommen dadurch Eindeutigkeit, Ordnung, Orientierung, Halt.

  Sie gibt uns einen Rahmen vor, sodass wir uns in neuen Situationen zurechtfinden, denn wir können auf altvertraute, bewährte und vorgefasste Denk- und Verhaltensweisen zurückgreifen und bekommen dadurch eine klare, eindeutige Verhaltensanleitung. Was sich in der Vergangenheit als erfolgreich bewährt hat, wird sich wohl auch in der Zukunft bewähren, denkt der Verstand, und bei allen routinemäßigen Aufgaben ist das auch so.

- Die Komfortzone ist bequem und entlastend. Wir brauchen nicht über alles und jedes nachzudenken, denn wir wissen (vermeintlich), was wir tun oder besser sein lassen und wie das Leben funktioniert. Dadurch dient sie als Erkenntnis- und Erfahrungsersatz. Wir haben schon feste Urteile im Kopf, bevor wir etwas live erfahren. Wir »wissen«, dass Schwaben geizig sind, selbst wenn wir in Wirklichkeit gar keinen kennen. Und sollten wir einen kennenlernen, dann schauen wir durch unsere vorgeprägte Urteilsbrille und entdecken – oh Wunder –, dass Schwaben geizig sind! Was zu beweisen war!

- Solange wir uns innerhalb der Komfortzone bewegen, können wir unser Selbstbild aufrechterhalten und müssen uns nicht infrage stellen.

Wir genießen also viele Vorteile, wenn wir uns in der Komfortzone mit all ihren Gewohnheiten aufhalten. Sie dient uns auch als solide Grundlage und stabiles Fundament, von dem aus wir zu neuen Ufern aufbrechen können.

Doch je länger wir uns in der Komfortzone befinden, desto gravierender werden die Nachteile. Wir bezahlen einen hohen Preis, wenn wir uns damit begnügen.

Preis, den wir zahlen, wenn wir zu lange in der Komfortzone bleiben

Sie kennen sicherlich Menschen, die eine so feste Meinung zu allen Themen haben, dass es schwierig ist, mit ihnen zu diskutieren. Diese Menschen wissen einfach, wie das Leben funktioniert. Sie wissen, wie sich andere verhalten sollen, und sind gnadenlos in ihrer Kritik. Sie kennen nur eines – ihre Meinung. Sie haben recht, wollen recht behalten und nutzen jede Atempause ihrer Gesprächspartner, um die eigene Meinung weiter zu zementieren. Diese Menschen können nicht zuhören, da sie inbrünstig ihre eigenen Geschichten und Meinungen wiederholen und wiederholen und wiederholen. Sie sind in ihrer Komfortzone gefangen und tun alles, um sie zu verteidigen und sich zu schützen.

Die Frage ist: Woran können wir erkennen, dass wir zu lange in der Komfortzone sind?

Zunächst schleicht sich etwas ein, was wohl jeder von uns kennt – Routine, Langeweile. Doch nach und nach entwickelt sich eine Unzufriedenheit, wir werden frustriert und verbittert. Wir nehmen immer weniger neue Impulse auf, es findet immer weniger Auseinandersetzung mit neuen Dingen statt. Wir wehren Neues zunehmend ab, sperren es aus und wiegeln es ab. Das Denken wird enger, wir werden stur und verteidigen beharrlich unsere Meinungen. Wir stagnieren, erstarren im Denken, Fühlen und Handeln oder wollen verbissen unsere Meinung durchsetzen. Wir ärgern uns oder werden aggressiv, wenn andere Menschen anders denken und handeln, denn nur wir wissen, was richtig und falsch, gut oder schlecht ist.

Anderen Menschen schlägt der Ärger auf den Magen, manche werden auch lustlos, antriebslos, sogar krank, leiden, jammern und wehklagen, fühlen sich als Opfer und resignieren schließlich.

Wenn wir zu lange in der persönlichen Kuschelecke verharren, dann wird es zunehmend ungemütlich, wir erleben zunehmend empfindliche Einschränkungen:

- Unser Gesichtskreis verengt sich.
- Wir leiden an Wahrnehmungs- und Realitätsverzerrung.
- Wir wehren Neues ab, entwickeln keine neuen Ideen mehr.
- Wir haben Vorurteile und halten sie für die Wahrheit.
- Selbstwertgefühl und Selbstvertrauen nehmen ab.
- Wir bekommen Minderwertigkeitsgefühle.
- Unsere Energie sinkt – wir haben immer weniger Motivation, etwas anzupacken.
- Wir werden zunehmend reaktiv, verteidigen unsere Haltung vehement oder fühlen uns als Opfer.

Letztendlich sagt jemand, der lange in seiner Komfortzone steckt, Nein zu der Dynamik des Lebens, Nein zur Lebendigkeit des Lebens, und stellt sich somit gegen die eigene Weiterentwicklung.

Warum bleiben wir oft in der Komfortzone, obwohl sie offensichtlich gravierende Nachteile mit sich bringt?

Als Kinder wurden wir von Mutter oder Vater bestraft, wenn wir bei Tisch trödelten, im Essen matschten oder auf dem Stuhl herumzappelten, wenn wir tobend durch die Wohnung rannten, eigensinnig, träumerisch, faul, vorlaut, trotzig, beleidigt oder auch wütend waren. Dann setzten uns unsere Eltern Grenzen und wir lernten rasch, bestimmte Verhaltensweisen zu unterlassen. Wir lernten über viele Verbote und Strafen, das zu tun, was unsere Eltern wollten, und trauten uns nicht mehr, das zu tun, was wir eigentlich gerne getan hätten.

Beispiel: Frau M. ist seit vielen Jahren verheiratet und leidet in ihrer Ehe. Sie will sich zum wiederholten Mal von ihrem Mann trennen. Doch jedes Mal, wenn sie gehen will, schenkt er ihr Schmuck und ist eine Weile besonders nett zu ihr, sodass sie sich immer wieder rumkriegen lässt. »Er ist immer wieder so nett, da kann ich ihn nicht verlassen«, sagt sie. Sie versteht nicht, warum sie immer wieder einknickt, denn eigentlich möchte sie seit Langem »ihr eigenes Leben leben«.

Sie hat Angst vor dem Alleinsein, Angst vor finanziellen Einbußen, Angst vor Selbstständigkeit, Angst vor …

Wenn wir etwas Neues beginnen wollen, wird unsere Komfortzone radikal infrage gestellt. Damit kommen alte Ängste hoch – die Angst, uns zu blamieren, die Angst, zu versagen, die Angst, Fehler zu machen, die Angst, abgelehnt und allein gelassen zu werden und als Verlierer dazustehen. Und wer will das schon?

Wir haben Angst vor diesen möglichen negativen Konsequenzen, die mit dem Schritt ins Neuland verbunden sein könnten, bleiben daher lieber in der gewohnt-vertrauten Komfortzone. Da ist zwar auch nicht alles Gold, was glänzt, aber da wissen wir wenigstens, was uns erwartet!

Angst vor Neuem oder Neugier auf Neues?

Bevor wir uns für etwas Neues entscheiden, haben wir solche Gedanken wie »Will ich das Neue tun oder lasse ich alles beim Alten?«. Wiederholt wägen wir Vor- und Nachteile gegeneinander ab.

Wir fühlen uns unsicher oder sind motiviert, zu neuen Ufern aufzubrechen und spüren körperliche Reaktionen, sind aufgeregt, wollen etwas tun.

Beispielsweise will eine junge Mutter am Elternabend zum ersten Mal ihre Meinung kundtun, ist es aber nicht gewohnt, vor so vielen

Menschen etwas zu sagen. Sie ist nervös, beginnt zu schwitzen, bekommt feuchte Hände, überlegt sich fieberhaft, was und ob sie etwas sagen will, ist unsicher – kurzum, sie nimmt ihre persönlichen Stresssymptome wahr.

Diese kann sie interpretieren als »Angst, sich zu blamieren«. Damit steigt die Wahrscheinlichkeit, dass sie ihre Meinung zurückhalten wird.

Sie könnte dieselben Symptome aber auch als Neugier auf Neues deuten. Damit erhöht sie die Wahrscheinlichkeit, dass sie ihre Meinung ausdrücken wird.

Die Symptome sind dieselben – nur werden sie von ihr einmal als Unsicherheit und Angst, das andere Mal als Neugier auf Neues betrachtet. Durch die Neugier auf Neues kann sie sich für den nächsten Schritt ihrer Entwicklung entscheiden und danach handeln.

Tatsache ist, wann immer Sie kurz davorstehen, etwas Neues zu tun, werden Sie Ihre Stresssymptome erleben. Sie sind augenblicklich etwas wacher, Ihr Körper ist angespannt, er bereitet sich auf die kommenden Anforderungen und Handlungen vor und reduziert alle Vorgänge, die nicht unmittelbar benötigt werden.

Für diejenigen, die sich mental im Kreis drehen, ist es wichtig, Gefühle und Körper bewusst wahrzunehmen und sich wieder mit ihren inneren Ressourcen zu verbinden. Denn durch das ganzheitliche Erleben können Sie sich leichter entscheiden und spüren, ob es für Sie jetzt stimmig ist, in der Komfortzone zu bleiben oder Neuland zu betreten.

Wann immer Sie Ihre Komfortzone bewusst verlassen und etwas Neues tun, haben Sie die Lernchance, sich weiterzuentwickeln, und gehen dabei ein gewisses Risiko ein. Niemand weiß ganz genau, was passieren wird, wenn er Neuland betritt, selbst wenn er das Neue innerlich schon oft durchgespielt hat. Sie können jedoch das Risiko auf ein handhabbares Maß reduzieren, sodass die Chance auf ein positives Ergebnis hoch ist.

Wichtig dabei ist, dass Sie mit EINEM Schritt das Neuland betreten – denn wer zu viel auf einmal wagt, ohne den Boden vorbereitet zu haben, landet schnell auf der Nase. EIN Schritt ist genug! Wählen Sie den nächsten Schritt.

Dieser EINE Schritt kann darin bestehen, dass Sie zum Beispiel im Gespräch EINEN Satz mehr sagen, als Sie es normalerweise tun würden – oder EINEN Satz weniger, wenn Sie eine Quasselstrippe sind. Es kann sein, dass Sie das nächste Mal jemandem bewusst zuhören oder ihn anerkennen, wenn Sie das bislang nicht getan haben. Es kann ein Lächeln sein, statt wie bisher Ihr Pokerface aufzusetzen. Überlegen Sie für sich, was für Sie in Ihrem Alltag dieser EINE Schritt ist, und setzen Sie dies für einen überschaubaren Zeitraum von sagen wir vier Wochen um! Sie werden merken, dass es Spaß macht, sich bewusst für neue Lernaufgaben zu entscheiden und diese für eine gewisse Zeit durchzuführen.

Ein Coachingteilnehmer beispielsweise war von den Erfahrungen angenehm berührt, die er machte, als er seine Mitarbeiter in Gesprächen mehr einbezog. Er stellte mehr Fragen, hörte mehr zu, bekam mehr und andere Informationen. Er fühlte sich dadurch lebendiger und verstand seine Mitarbeiter besser. Dies führte zu größerem Vertrauen und verbesserte die Zusammenarbeit in der Abteilung entscheidend.

Wann immer Sie Ihre bisherige Komfortzone bewusst verlassen und etwas Neues tun, gewinnen Sie.

- Sie werden innovativer, kreativer, lebendiger.
- Sie werden mutiger, Neues anzupacken.
- Ihr Gesichtskreis und Ihr Handlungsspielraum werden größer.

- Sie sind von innen heraus motiviert und setzen sich tatkräftig ein.
- Ihre Selbstachtung steigt.
- Selbstvertrauen, Selbstwertgefühl und Selbstbewusstsein nehmen zu.
- Sie entwickeln sich weiter, sind dankbar und haben mehr Lebensfreude.

Dafür lohnt es sich doch, Schritt für Schritt ins Neuland zu gehen, oder?

Das Phönix-Prinzip hilft Ihnen, sich vom Alten zu lösen und beherzt, frisch und kraftvoll Neuland zu betreten.

»Aber was passiert, wenn ich eine Bauchlandung mache und das Neue nicht erfolgreich ist?«, fragen manche Trainingsteilnehmer.

Sogar dann steigt Ihr Selbstvertrauen, denn Sie haben sich bewusst dafür entschieden, diesen Schritt ins Neuland zu wagen, und es auch getan. Sie haben sich FÜR sich eingesetzt, sind für sich eingestanden, haben Stellung bezogen und innere Hürden überwunden. Das ist doch sehr wichtig und verdient Anerkennung!

Als Kinder haben wir die Anerkennung und Bestätigung von außen gebraucht, als Erwachsener können wir uns selbst anerkennen.

Natürlich ist es schön, wenn Sie von außen Bestätigung und Anerkennung bekommen, doch noch wichtiger ist, dass Sie sich selbst anerkennen – und nicht nur, wenn Sie etwas geleistet haben.

Übung

Bitte nehmen Sie ein Blatt Papier und einen Stift und beantworten Sie schriftlich folgende Fragen:

- *Gibt es in Ihrem Leben wiederholt eine bestimmte Situation, in der Sie mit Ihrem Verhalten unzufrieden sind? Wenn ja – welche? Versetzen Sie sich noch einmal in die Situation hinein. Wie sieht die Situation genau aus? Welche Gefühle haben Sie dabei? Wie nehmen Sie dabei Ihren Körper wahr? Was denken Sie über sich dabei?*
- *Was passiert, wenn Sie sich an diesem Punkt nicht verändern? Stellen Sie sich das deutlich vor. Wie wirkt sich das langfristig auf Ihr Selbstvertrauen, Ihr Selbstwertgefühl und Ihre Selbstachtung aus?*
- *Welche Befürchtungen haben Sie daran gehindert, sich auf Neues einzulassen?*
- *Wie würden Sie sich gerne in dieser Situation verhalten, sodass Sie sie für sich zufriedenstellend abschließen können? Stellen Sie sich die neue Situation klar und deutlich vor.*
  Was machen Sie anders? Wie fühlen Sie sich dabei? Wie nehmen Sie dabei Ihren Körper wahr?
- *Welche Fähigkeiten entwickeln Sie weiter, wenn Sie das neue Verhalten nun schon selbstverständlich anwenden können?*
- *Welche neuen Überzeugungen gewinnen Sie dadurch von sich?*
- *Welche Werte leben Sie durch das neue Verhalten noch mehr?*
- *Was denken Sie über sich, da Sie sich so verhalten können, wie Sie es lange schon gewollt haben?*

- *Was bedeutet Ihr neues Verhalten in einem größeren Zusammenhang?*
- *Was tun Sie als Nächstes ganz konkret, damit Ihre Vorstellung Wirklichkeit wird?*

Bachblüten

Verwenden Sie zur Unterstützung, um Altes loszulassen und sich für Neues zu öffnen, Honeysuckle.

8

Wie verhindere ich die Eigensabotage?

Der Verstand ist ein hervorragendes
Instrument, wenn er richtig benutzt wird.
Bei falschem Gebrauch kann er
allerdings sehr destruktiv werden.
Eckhart Tolle

Wir sabotieren uns fast alle gelegentlich, schaffen nicht das, was wir wollen, tappen in alte Fallen und ärgern uns darüber.

Die Frage ist, wodurch sabotieren wir uns? Welche inneren Muster ziehen uns von der Gegenwärtigkeit weg und unterminieren unser Selbstvertrauen?

Jahrelang hatte Susanne Übergewicht. Es machte ihr keinen Spaß mehr, neue Kleidung zu kaufen, denn sie musste das nehmen, was ihr passte, und konnte nicht mehr das wählen, was sie wollte, denn in ihrer Größe gab es kaum schicke Kleidung! Wenn sie die Treppen hochging, japste sie nach Luft, zum Tennisspielen hatte sie immer weniger Lust. Natürlich wollte sie abnehmen – täglich! Doch bis sie es tatsächlich tat, vergingen – Jahre (!), Jahre, in denen sie ihre ganzen Selbstsabotageprogramme studieren konnte. Sie entwickelte Ausreden, warum sie – leider, leider – nicht abnehmen konnte. »Die Gene sind schuld, ich bin eben ein guter Futterverwerter.« Sie schimpfte über die Modebranche und schrieb glühende Briefe an Bogner, Strenesse, Escada, dass sie doch endlich auch Mode für Mollige machen sollten. Sie futterte aus Trotz weiter, weil ihre Rufe nicht erhört wurden. Gelegentlich änderte sie ihre Strategie und erklärte: »Ich will gar nicht abnehmen, ich fühle mich rundherum wohl. Ich esse einfach gerne.« Doch es dauerte nicht lange, da litt sie wieder an ihrem Übergewicht. Sie stellte zudem die intelligente Frage: »Warum nehme ich nicht ab?« Ihr Gehirn war dauerbeschäftigt, Antworten auf diese Frage zu finden. Eines Tages hatte sie die Nase so voll von ihrem mentalen Zirkus, dass sie spontan beschloss: »Es reicht, genug gelitten.« Sie fragte sich plötzlich: »Wie kann ich abnehmen?«, meldete sich bei Metabolic Balance an, lernte, wie sie ihren Stoffwechsel aktivieren konnte, und nahm über 20 kg ab!

Was sind nun Sabotageprogramme?

Es sind unterschiedliche Reaktionsmuster, die wir in bestimmten Situationen automatisch anwenden. Sie schützen uns vor Ängsten, Verletzung und Schmerz, unterstützen die Anpassung an die Realität und dienen zur Abwehr von Neuem, aber auch zur Abwehr von Widersprüchen, Konflikten, Wünschen, Scham, sodass unser Leben reibungsloser und einfacher verläuft. Dafür sind sie wichtig und hilfreich.

So weit, so gut.

Zu Sabotageprogrammen werden sie, weil wir sie zwanghaft reflexartig anwenden, um recht zu haben und recht zu behalten, damit wir in unserer hübschen Komfortzone bleiben können. Voraussetzung dafür ist unsere grundlegende Identifikation mit dem Verstand.

Obgleich wir in den Situationen, in denen wir sie anwenden, eine gewisse Aufregung spüren können, wissen wir nicht genau, woher sie kommt und was sie bedeutet. Wir wissen zum Beispiel nicht wirklich, warum wir urplötzlich wütend auf unseren Partner werden und unangemessen heftig reagieren. Weil uns diese Sabotageprogramme derart in Fleisch und Blut übergegangen sind, erkennen wir sie als solche nicht und merken auch nicht, dass sie uns aus der Gegenwärtigkeit hinein in alte Konditionierungen ziehen. Wir registrieren auch nicht, wie wir damit unsere Entwicklung sabotieren, unser Selbstvertrauen untergraben, unsere Erfolgschancen einschränken. Wir haben kollektiv zahlreiche Sabotageprogramme entwickelt, von denen wir hier nun unsere persönliche Hitliste vorstellen wollen.

Die Top Ten der Sabotageprogramme

1. Schuldzuweisung

Die Schuldzuweisung nach dem Motto »Du bist schuld! Warum hast du nicht ...« ist das absolute Lieblingssabotageprogramm.

Durch diesen Mechanismus schieben wir dem anderen alle Schuld an der Situation zu, während wir selbst das arme Unschuldslamm spielen und so tun, als ob wir nichts mit der Sache zu tun hätten! Soll der andere doch die glühenden Kohlen für uns aus dem Feuer holen!

Es gibt unglaublich viele Möglichkeiten, anderen die Schuld in die Schuhe zu schieben – dem Partner, Kollegen, Nachbarn, Lehrern, dem Chef, sogar dem Papst. Ihnen alle können wir die Schuld zuschreiben, dass es uns nicht so gut geht. Wir geben den Politikern, Modemachern, Unternehmern die Schuld an unserer persönlichen Frustration, an unserem Ärger!

Implizit sagen wir entweder: »Du musst dich ändern, damit es mir gut geht!«, oder: »Du musst etwas für mich tun, damit es mir gut geht!« Damit wollen wir anderen Schuldgefühle einjagen, sie manipulieren, damit diese unseren Wünschen entsprechend handeln, während wir passiv abwarten können. Je nach Temperament brüllen wir dann den anderen an, jammern und wehklagen oder schweigen beleidigt. Kurzfristig mag die Schuldzuweisungsstrategie ja aufgehen, langfristig sicher nicht, denn niemand will sich manipulieren lassen. Und – warum sollte der andere sich für uns ändern? Höchstens, er will es selbst. Und vielfach wissen »die anderen« gar nicht, warum wir frustriert sind, weil wir nicht sagen, was wir wollen, und Gedanken lesen können die wenigsten!

Heute meinte eine Führungskraft im Coaching: »Meine Kollegin macht mich so wütend!«

»Wie macht sie das?«, fragte ich.

»Schon wie sie zur Tür hereinkommt, ernst Guten Morgen sagt und dann ohne ein weiteres Wort verschwindet. Allein das ärgert mich.«

Was der Kunde implizit sagt, ist, dass seine Kollegin schuld ist, wenn er sich ärgert.

Sie soll sich ändern, damit es ihm besser geht. Er merkt nicht, dass er eine bestimmte unausgesprochene Erwartung an sie richtet, die von ihr nicht erfüllt wird. Und weil sie seine Erwartung nicht erfüllt, glaubt er, allen Grund zu haben, sich zu ärgern. Er reagiert damit nicht auf das Verhalten der Kollegin, sondern auf seine Erwartung!

2. Opferspiel

Der Gegenpart zur Schuldzuweisung ist das Opferspiel. Indem Sie anderen die Schuld zuweisen, stilisieren Sie sich gleichzeitig als Opfer hoch. Sie waschen Ihre Hände in Unschuld, fühlen sich benachteiligt und leiden.

Beispielsweise kommt es erst zu einer Schuldzuweisung: »Stell dir vor, was mein Mann wieder getan hat …«, später folgt die Variation Nr. 5 des Themas »Er ist schuld, dass ich so leide«, danach ein Bericht des eigenen Leids und die erneute Zementierung des Opferstatus. Das »arme Opfer« will Bestätigung für sein Leiden, für seine Sicht der Dinge, will Zuspruch, Aufmerksamkeit und Mitleid. Doch irgendwann können auch die besten Freundinnen nicht mehr zuhören, weil hinter sämtlichen Geschichten die Struktur »Er ist schuld, und ich bin das unschuldige Opfer« durchscheint.

Damit sagen Sie: »Ich kann nichts dafür, dass es so ist.« Implizit sagen Sie: »Ich kann nichts ändern. Wenn ich etwas ändern könnte, würde ich es tun!«

Sie kommen nicht in die Handlung, sondern warten sehnsuchtsvoll darauf, dass ein edler Retter Sie glücklich macht. Sie warten auf nichts Geringeres als auf ein Wunder nach dem Motto »Es wird einmal ein Wunder geschehen, und alle Wünsche werden wahr«. Das ist leider Selbstbetrug, denn der Retter erscheint nur in Märchen und in romantischen Filmen à la »Pretty Woman«!

Am folgenden Beispiel können Sie erkennen, wie das Opferspiel in der Praxis funktioniert:

> Marianne M. arbeitete als Texterin in einer Werbeagentur. Sie war engagiert, motiviert, sprühte vor Ideen, besprach ihre Vorschläge mit ihrem Chef und setzte Projekte erfolgreich um. Als sie einen neuen Chef bekam, griff dieser ihre Ideen nicht mehr in dem Maß auf, wie sie es gewohnt war. Er kam zwar immer wieder auf sie zu, fragte sie nach ihrer Meinung, doch das genügte ihr nicht. Ganz allmählich ließ ihr Elan nach, sie brachte immer weniger Vorschläge, da sie schon im Voraus »wusste«, dass ihr neuer Chef diese nicht gut finden würde! Sie kam schließlich zu dem Schluss: »Ich kann tun, was ich will, er findet meine Ideen schlecht.« Sie jammerte viel und war demotiviert. Sie fühlte sich hilflos – sie fühlte sich als Opfer, machte Dienst nach Vorschrift und bemitleidete sich selbst.

An diesem Beispiel lässt sich vieles erkennen:

- Sie überträgt die Art ihres früheren Chefs auf den neuen und möchte, dass dieser sich so verhält, wie sie es vom alten Chef gewohnt war. Sie blendet völlig aus, dass ihr neuer Chef immer wieder auf sie zukommt und sie um ihre Meinung bittet. Sie erkennt nicht, dass er sie schätzt. Warum sollte er sonst ihre Meinung einholen?

- Was Marianne nicht erkennt, ist, dass auch sie einen Anteil an der unbefriedigenden Arbeitsbeziehung zu ihrem neuen Chef hat.
- Sie hinterfragt nicht, was sie möglicherweise anders machen könnte, und bleibt trotzig und beleidigt im Kreis ihrer Gewohnheit und kommt zu dem wunderbar erlösenden Schluss: »Ich kann nichts dafür, ich kann die Situation nicht beeinflussen – ich muss sie aushalten.« Sie bestraft ihn und erkennt nicht, dass ihre überhöhten Erwartungen und Wünsche einer guten Zusammenarbeit im Wege stehen.
- Sie lenkt ihre Aufmerksamkeit auf ihren Chef, schiebt ihm die Verantwortung für ihre Gefühle und ihre Motivation zu und gibt ihre Selbstverantwortung ab.

Andere Variationen, das Opfer zu spielen:

- »Ich bin schuld.«
- »Ich bin zu jung.«
- »Ich bin zu alt.«
- »Ich bin zu dick.«
- »Ich bin zu dumm.«
- »Seht her, wie ich leide!«

Wer sich als Opfer fühlt, hat keine Wahl!

3. Die klassische Rechtfertigung

Rechtfertigungen sind Verteidigungsreden der eigenen Position. Sie können in unterschiedlichen Formen auftreten – jammern, nörgeln, wehklagen, weinen. Sie entlasten kurzfristig und reduzieren die innere Spannung.

»Ich konnte nicht pünktlich da sein, weil ich im Stau stand, weil sich alle Ampeln gegen mich verschworen hatten, weil meine Uhr stehen geblieben ist, eine Kuh die Straße blockierte ...«

Oftmals kommen Rechtfertigung und Schuldzuweisung in Kombination vor. Eine Ehefrau sagte zum Beispiel zu ihrem Mann, der von der Arbeit nach Hause kam und von ihr wissen wollte, was es zum Abendessen gab: »Ich hatte keine Zeit zum Einkaufen. Du hättest ja auch etwas mitbringen können!«

4. Intellektualisierung

Das ist der unglückliche Versuch, sich von **allen** Gefühlen zu distanzieren. Man spricht über sich und andere distanziert und abstrakt und theoretisiert gerne, fachsimpelt zum Beispiel gerne abstrakt über Wirtschaft, Liebe, Philosophie, Spiritualität.

Solche Menschen sind ausgesprochen sprachgewaltig und sorgen mit ihrer Eloquenz manchmal für einen sekundären Unterhaltungseffekt. Sie sprechen sehr viel, denn würden sie schweigen, könnten unangenehme Gefühle unkontrolliert hochkommen. Sie hören sich gerne reden, haben Schwierigkeiten, sich zu fühlen oder gar anderen zuzuhören.

5. Rationalisierung

»Nun bleiben Sie doch sachlich!« ist der typische Ausspruch eines Rationalisierers. Seine Welt besteht aus der allein selig machenden Ratio, daher lässt er auch nur rational-logische Argumente, die einander nicht widersprechen dürfen, gelten. Gefühle werden ignoriert, ausgeklammert und völlig unterbewertet.

Während der Intellektualisierer alle Gefühle vermeiden will, erkennt der Rationalisierer zwar, dass es sie gibt, will aber sein Handeln rational begründen.

6. Emotionalisieren

Sie: »Es ist so furchtbar, so schrecklich.«
Er: »Was gibt's denn?«
Sie: »Es ist einfach schrecklich, ich bin so betroffen.«
Er: »Sei doch mal sachlich, was ist denn los?«
Sie: »Ich sag's doch, es ist einfach furchtbar.« Sie schüttelt den Kopf und seufzt tief.
Er: »Bring es doch mal auf den Punkt!«
Sie: »Du verstehst das nicht.« Damit dreht sie sich beleidigt weg.

Hier spielen Rationalisierung und Emotionalisierung wunderbar zusammen.

Diese beiden Sabotageprogramme werden häufig in Ehen angewendet.

Der Mann verkörpert typischerweise den Rationalisierer, die Frau emotionalisiert. Jeder bleibt in seinem Kreis der Gewohnheit. Ein wirkliches Gespräch kommt nicht zustande. Schade.

7. Verleugnung

Man tut so, als ob es die unangenehme Realität nicht gäbe, und weigert sich, den Tatsachen ins Auge zu blicken.

Zum Beispiel glaubt eine Frau nach fünfjähriger Trennung von ihrem Mann immer noch, dass er sie liebt, obwohl er bereits seit drei Jahren mit seiner Freundin zusammenlebt und sie nur noch alle zwei Monate kurz besucht. Sie hat sich in eine Fantasiewelt geflüchtet, in der sie für andere unerreichbar ist.

In Beziehungen und Unternehmen werden unangenehme Themen oft ausgeklammert. Man kehrt sie gemeinsam unter den Teppich, sie sind einfach nicht mehr da und werden daher auch nicht angesprochen.

8. Trotz

»Ich mache das so, wie ich das will. Ich lasse mir von niemandem vorschreiben, was ich essen soll«, sagte eine Frau, die bei einem Diätfachmann gewesen war. Sie wollte zwar abnehmen, ging deshalb auch zu einem Spezialisten, der ihr Blut untersuchte. Aber als er ihr sagte, sie müsse aufgrund der Blutwerte auf Milch verzichten, reagierte sie pampig und verließ empört das Sprechzimmer.

Trotz ist eine früh gelernte Form, sich selbst zu behaupten, eine Form des aktiven Widerstandes gegenüber anderen und führt manchmal zum Abbruch der Kommunikation. Man will durch den Trotz eigene Grenzen deutlich machen und sich keinesfalls von anderen dominieren lassen. Während Trotz im Kindesalter und in der Pubertät ein notwendiges Durchgangsstadium ist, erweist er sich im Erwachsenenalter als Selbstsabotageprogramm.

9. Ironie

»Das hast du aber gut hingekriegt«, sagt eine Frau zu ihrem Mann, der die Küche aufgeräumt hat. Dieser schaut sie stumm an und geht.

Ironie kommt aus dem Griechischen und heißt »Vortäuschung«. Man sagt das Gegenteil von dem, was man meint, und betont das Gesagte in einer bestimmten Weise, sodass der andere – hoffentlich – versteht, was gemeint ist. In aller Regel ist darin eine Kritik versteckt. Da diese aber nicht konkret geäußert wird, weiß der andere nicht genau, was damit gemeint ist, und auch nicht, was er das nächste Mal anders machen kann.

10. Zynismus

»Das kann ja ein Vierjähriger besser als Sie«, sagt ein Projektleiter zu einem Mitarbeiter im wöchentlichen Meeting. Der Mitarbeiter bekommt einen roten Kopf und beginnt stotternd, sich zu rechtfertigen.

Unter Zynismus versteht man ein Verhalten, das den anderen abwertet und herabsetzt, während man sich selbst erhöht und überlegen fühlt. Zudem stellt der Zyniker oftmals moralische Werte infrage und macht sich über sie lustig, misstraut sich und anderen, ist pessimistisch und hat möglicherweise innerlich resigniert und übertüncht das mit Zynismus.

Heimliche Selbstsabotageprogramme haben mehrere Punkte gemeinsam

- Wir identifizieren uns mit den Gedanken, den damit verbundenen Gefühlen.
- Sie dienen ursächlich zum Schutz und zur Abwehr von unangenehmen Gefühlen.
- Sie ziehen uns blitzartig weg von der Gegenwart, wir verlieren unsere Präsenz und sind in mentalen Movies gefangen.
- Sie sind Tricks, die Selbstverantwortung zu umgehen.
- Sie unterminieren Selbstvertrauen, Selbstwertgefühl und Selbstachtung.
- Sie verhindern Entwicklung, Erfolg und Lebensfreude.

Jeder von uns hat ein paar Lieblingssabotageprogramme, die er bevorzugt anwendet. Ursprünglich hatten sie die positive Absicht, uns vor Gefahren zu schützen, doch durch das automatisierte Verhalten schränken sie uns in unserer Entwicklung ein. Sie zeigen uns jetzt, in welchen konkreten Situationen wir bisher in unserer Komfortzone geblieben sind, und fordern uns auf, Selbstverantwortung zu übernehmen, damit wir neue Wahlmöglichkeiten unseres Verhaltens bekommen!

Wenn wir erkennen, dass wir ein solches Selbstsabotagemuster benutzen, sind wir schon nicht mehr damit identifiziert, sind wieder mehr präsent und können sogar mit Humor über unsere Muster lächeln. Wir gewinnen dadurch inneren Abstand und eine neue Perspektive.

Übung

Wenn Sie sich in einer Situation geärgert, beleidigt zurückgezogen, trotzig oder ironisch reagiert haben, wenn Sie anderen die Schuld zugeschoben, sich als Opfer gefühlt haben ..., dann können Sie gut persönliche Sabotagemuster aufspüren.

Gratulieren Sie sich, wenn Sie Ihre Lieblingsmuster entdecken!

Fragen Sie sich:

In welchen Situationen genau wende ich sie an? Wovor schützen sie mich?

Worauf will mich mein Lieblingsmechanismus aufmerksam machen?

Welche Lernchance habe ich genau in dieser Situation?

Was wäre, wenn ich diese Lernchance nutzen würde?

Was würde ich über mich denken? Wie würde ich mich dann fühlen?

Wie würde sich mein Leben dadurch verändern?

Daraus ergeben sich die folgenden Fragen:

Wie komme ich bewusst aus meiner Komfortzone?

Welche Alternativen gibt es zu den heimlichen Sabotageprogrammen?

9

Wie lerne ich Selbstverantwortung wahrzunehmen?

Verantwortung übernehmen bedeutet,
das Beste aus dem zu machen,
was wir mitbekommen haben.
Doris Wolf

Meine Freundin Muna ärgerte sich sehr über ihren Ehemann. Er hatte ihr wiederholt versprochen, mit ihr übers Wochenende wegzufahren, doch er konnte – anders als vereinbart – von einem beruflichen Auslandstermin nicht am Wochenende zurück sein. Sie schimpfte, fühlte sich persönlich angegriffen und war frustriert.

Sie machte ihn dafür verantwortlich, dass sie sich schlecht fühlte! Er hatte – in ihren Augen – ihr das Wochenende vermiest!

Viele Menschen haben ein merkwürdiges Verhältnis zum Thema Verantwortung.

Wenn wir beispielsweise mit einem Projekt erfolgreich sind, übernehmen wir gerne die Verantwortung, haben wir dagegen einen Misserfolg eingefahren, geben wir gerne anderen die Schuld.

Wir alle benutzen Schuldzuweisungen, Rechtfertigungen, wir sind trotzig oder verfallen in hektischen Aktionismus. Das haben wir gründlich gelernt. Unsere Selbstsabotageprogramme entlasten uns kurzfristig von Spannungen und unangenehmen Gefühlen.

Je mehr wir anderen Menschen, den Umständen, dem Zufall oder dem Schicksal die Schuld geben, desto mehr machen wir uns zum

Opfer. Wir machen uns von anderen abhängig und warten darauf, dass diese das Leben für uns gestalten. Der Ritter auf dem Pferd kommt nicht, und es gibt keinen Weihnachtsmann, der unsere Wünsche und Bedürfnisse erfüllt oder unsere Ziele herbeizaubert.

Wenn wir etwas wollen – und es ist gleichgültig, ob wir Zufriedenheit, Freundschaften, Dankbarkeit oder eine Karriere anstreben –, müssen wir selbst »in die Puschen« kommen, es liegt an uns.

Die Alternative zu den Selbstsabotageprogrammen ist – Selbstverantwortung.

Jeder Mensch hat ein so einzigartiges Leben, und niemand kann unser Leben so gut gestalten wie wir selbst, wir kennen uns am besten. Es ist unsere ureigene besondere Aufgabe und unsere Chance, zu entdecken, wer wir sind und was wir wollen. Wir selbst sind dafür verantwortlich – niemand sonst.

Was heißt denn nun »Selbstverantwortung«?

In Anlehnung an Reinhard Sprenger verstehen wir darunter eine innere Einstellung und Bereitschaft, Eigeninitiative zu übernehmen und im Licht von Risiken und Chancen proaktiv zu handeln.

Ist es nicht interessant zu wissen, dass wir mit unseren Gedanken, Überzeugungen, Einstellungen, mit unseren Gefühlen, Empfindungen und Handlungen unsere höchst persönliche, subjektive Wirklichkeit erschaffen? Natürlich haben wir viele Gedanken, Ideen, Konzepte mit anderen gemeinsam, weil wir in derselben Kultur und einem ähnlichen Umfeld aufgewachsen sind. Dennoch sind wir verantwortlich dafür, was wir ganz persönlich denken, fühlen, spüren. Wir sind verantwortlich für unser Handeln oder Nichthandeln und für die daraus resultierenden Auswirkungen.

- Sie sind für dic Qualität Ihres Lebens verantwortlich.
- Sie sind dafür verantwortlich, ob Sie sich für liebenswert halten.

- Sie sind dafür verantwortlich, ob Sie sich mit Ihren inneren Kraftquellen verbinden.
- Sie sind dafür verantwortlich, ob Sie auf Ihre Bedürfnisse achten und wie Sie diese befriedigen oder nicht.
- Sie sind dafür verantwortlich, welche Werte, welche Einstellungen Sie haben, wie Sie sich weiterentwickeln.
- Sie sind auch für Ihre Ideen, Ziele und Entscheidungen verantwortlich.
- Sie sind dafür verantwortlich, wie Sie Situationen bewerten, was Sie als Problem, als Konflikt bezeichnen.
- Sie sind dafür verantwortlich, ob Sie sich freuen oder leiden.
- Sie sind dafür verantwortlich, wie Sie mit Ihren Freunden, Partnern, Kollegen umgehen.
- Sie sind dafür verantwortlich, ob und wie Sie handeln und für die daraus resultierenden Konsequenzen.
- Sie sind auch dafür verantwortlich, wenn Sie Ihre Verantwortung ablehnen.

Wir könnten noch viel mehr Punkte aufzählen. Vielleicht mag sich die Liste für den einen oder anderen wie eine Bürde anfühlen, vielleicht klingt es nach Last und nach Pflicht, doch was Sie in jedem Fall gewinnen, das ist persönliche Freiheit, Selbstbestimmung und das Wissen, dass Sie viel mehr Gestaltungskraft haben, als Ihnen vielleicht bewusst sein mag. Wer selbstverantwortlich denkt und handelt, ist klar und mit sich im Einklang. Sie können sich bewusst entscheiden, ausdauernd und diszipliniert zu sein, UND fühlen sich gut dabei. Sie können sich aber auch bewusst entscheiden, nichts zu tun, UND fühlen sich gut dabei.

Selbstverantwortung ist in unserem Verständnis das erste und wichtigste Prinzip zur Meisterung des Alltags und einer der Grundwerte für ein lebendiges, erfülltes und erfolgreiches Leben.

Verantwortung für sich zu übernehmen bedeutet, erwachsen zu sein, bedeutet, gut für sich zu sorgen, sich selbst ein guter Freund zu sein und zu wissen, dass man selbst für sein eigenes Wohlergehen zuständig ist. Was würde sich ändern, wenn Sie ab sofort die Verantwortung für Ihr Denken, Ihr Fühlen und die Gestaltung Ihres Lebens übernähmen?

Ein selbstverantwortliches Leben ist durch eine aktive, konstruktive und selbstständige Lebenseinstellung gekennzeichnet. Wenn Sie selbstverantwortlich denken und handeln, ist Ihr Selbstwertgefühl ganz automatisch hoch, Sie haben alle Energien für Ihre anstehenden Aufgaben frei. Sie sitzen am Steuer Ihres Lebens und bestimmen, wohin die Reise geht. Das heißt nun nicht, dass das Leben immer gradlinig verläuft, dass Sie stets angstfrei und auf Wolke sieben durchs Leben schweben, doch es bedeutet, dass Sie Ihre Ängste wahrnehmen und akzeptieren, dass es sie gibt. Selbstverantwortung bedeutet, dass Sie damit aufhören können, mit Ihrem Schicksal zu hadern, Ihrer schlimmen Kindheit oder den schrecklichen Verhältnissen die Schuld für Ihre Probleme zu geben. Sie haben natürlich die Freiheit, weiterzujammern, wenn Sie das gerne möchten, wenn Sie bereit sind, die Konsequenzen dafür zu tragen – nämlich dass Ihre Freunde es irgendwann satthaben, sich Ihre Opfer- und Jammergeschichten anzuhören.

Es gibt immer genug Gründe zum Klagen und genug Gründe, sich zu freuen. Sie können sich aber auch einfach freuen und dann Gründe für die Freude erfinden, wie Osho, ein indischer Meister, sagte.

Fragen Sie sich, ob Jammern und Wehklagen Ihnen bei Ihrer persönlichen Entwicklung hilft, ob Sie dadurch zu neuen Lösungen kommen und Ihre Ziele erreichen.

»Aus meinen Gedanken folgen Worte, aus meinen Worten folgen Taten, aus meinen Taten folgen Konsequenzen« heißt ein bekannter Spruch. Das Gute ist, dass Sie es in der Hand haben, in welche Richtung Sie sich entwickeln wollen. Sie können sich immer mit Ihren inneren Kraftquellen verbinden und sind dann wieder »bei sich«.

Es kommt auf Sie selbst an!

Wie sich die gedanklichen Bewertungen einer Situation auf die Gefühle, körperliche Reaktionen und Handlungen auswirken können, zeigt folgendes Beispiel.

Vielleicht kennen Sie die Geschichte von Herrn Müller, der abends um 23 Uhr wach im Bett lag. Seine Frau war vom Besuch einer Freundin noch nicht heimgekehrt. Sie wollte um 22 Uhr zurück sein.

Zuerst befürchtete er, dass etwas passiert sein könnte.

Dann begann er zu zweifeln: Warum rief sie nicht an?

Plötzlich fiel es ihm wie Schuppen von den Augen: Seine Frau war gar nicht bei der Freundin. Sie hatte womöglich – nein, sicher – eine Verabredung mit einem anderen Mann. Sonst wäre sie ja an ihr Handy gegangen, als er vorhin versucht hatte, sie anzurufen!

Allmählich wurde er wütend. Warum betrog ihn seine Frau? Wie lange ging das wohl schon mit den beiden?

Er wurde immer wütender – und als sie schließlich zur Tür hereinkam, schrie er sie ungehalten an: »Du kannst gleich wieder zu deinem Liebhaber gehen!«

Die Konsequenz war, dass seine Frau sich sehr über seine Unterstellungen ärgerte … damit war der nächste Konflikt vorbereitet!

Herr Müller hatte sich so in seine Gefühle hineingesteigert, dass er für nichts anderes mehr empfänglich war.

Doch er kann Verantwortung für seine überstarken Gefühle übernehmen, sie als Handlungsbedarfssignal wahrnehmen und nachforschen, welche Gedanken und Gefühle hinter diesen offensichtlichen Gedanken verborgen sind. Oftmals kommen wir bei solch starken Gefühlen mit unbewussten Einstellungen und alten mentalen Fallen in Verbindung, zum Beispiel: »Ich muss von anderen anerkannt und geliebt werden.« Dann kann er in aller Ruhe mit seiner Frau darüber reden, dass er es nicht mag, wenn sie sich nicht an die vereinbarte Zeit hält, dass er sich dann Sorgen macht, und sie bitten, das nächste Mal anzurufen, wenn es später wird.

Jeder ist für den eigenen Anteil am Gespräch verantwortlich, ist auch verantwortlich dafür, wie er eine Situation bewertet. Verantwortung zu übernehmen bedeutet auch, aufrichtig zu sich selbst zu sein, sich selbst mit seinen Stärken, Macken, Grenzen zu sehen. Wir sind manchmal nicht ehrlich uns und anderen gegenüber aus Angst, den anderen zu verletzen, oder wollen die möglicherweise damit verbundenen Konsequenzen nicht zu spüren bekommen. Denn es könnte ja sein, dass der andere uns ablehnt oder nicht mehr ernst nimmt, wenn wir ehrlich unsere Meinung sagen. Lieber halten wir uns zurück und lassen uns weiterhin manipulieren und uns ausnutzen!

Britta war Assistentin des Bereichsleiters und arbeitete gerne und viel. Sie kam abends meist erst nach 20 Uhr aus dem Büro, hatte kaum mehr Zeit, sich mit Freunden zu treffen oder ins Fitnessstudio zu gehen. Fast jeden Abend, bevor Britta nach Hause gehen wollte, kam ihr Chef zu ihr und brachte ihr Arbeit, die »unbedingt heute noch« erledigt werden sollte. Britta fühlte sich anfangs geschmeichelt, dass er so auf ihre Unterstützung angewiesen war, wollte zudem seine Anerkennung und blieb, doch zunehmend empfand sie es als unangenehm, täglich so lange im Büro zu bleiben. Der Preis war hoch – sie fühlte sich immer schlapper. Als sie kurz vor einem Zusammenbruch war, empfahl ihr die Betriebsärztin, zum Coaching zu gehen. Sie lernte, sich von alten, unbewussten mentalen Fallen, die ihr Handeln wesentlich bestimmt hatten, zu verabschieden, und übernahm Verantwortung für ihre Einstellung und Gefühle. Sie nahm ihre Bedürfnisse besser wahr, lernte, sich abzugrenzen und Nein zu sagen – und konnte ihre Abende wieder mit Freunden genießen!

Damit löste sie sich von inneren Zwängen und der Abhängigkeit von anderen und konnte die innere Balance wiederherstellen.

Zusammenfassung

- Ich bin für mein Denken, Fühlen, Handeln, mein Wohlergehen und meine Zufriedenheit selbst verantwortlich.
- Ich mache mir Gedanken darüber, welche Auswirkungen mein Handeln für mich und andere hat – ich sehe nicht nur mich, sondern auch andere.
- Selbstverantwortung heißt auch, bewusst wählen zu können:
  - was ich sage oder nicht sage,
  - was ich tue oder sein lasse,
  - wofür ich mich engagiere oder nicht engagiere.
- Selbstverantwortung zu übernehmen heißt auch, einzugestehen, wenn ich einen Fehler gemacht habe, mich zu entschuldigen, wenn ich jemandem fälschlicherweise etwas unterstellt habe, und das nicht aus moralischen Gründen, sondern um eine Sache zu klären.
- Meine Energie und Lebensfreude wachsen durch Selbstverantwortung, ich fühle mich innerlich klar und sicher und kann mich abgrenzen.
- Selbstverantwortung zu übernehmen stärkt mein Selbstwertgefühl, meine Selbstachtung, mein Selbstbewusstsein und mein Selbstvertrauen!

Natürlich kann niemand von einer Sekunde auf die andere den Schalter völlig umlegen, aber wir können mehr und mehr Selbstverantwortung übernehmen. Dadurch werden wir innerlich freier, haben mehr Alternativen zur Verfügung, um unser Leben aktiv zu gestalten. Wir können so leben, wie es uns guttut, und können andere Menschen sein lassen und sie so akzeptieren, wie sie sind. Dadurch können wir die Qualität unserer Beziehungen deutlich verbessern – wir können zuhören, Anteil nehmen und wissen, dass andere Menschen nicht für die Erfüllung unserer Bedürfnisse zuständig sind, wenngleich es angenehm ist, wenn sie es dennoch tun.

Doch, ob Sie das tun wollen oder nicht – die Entscheidung liegt bei Ihnen!

Fragen Sie sich:

- Was bedeutet für Sie Selbstverantwortung?
- Was heißt es für Sie, Selbstverantwortung für Ihre Gedanken – Ihre Bewertungen, Urteile, Erwartungen – zu übernehmen?
- Was bedeutet es für Sie, für Ihre Bedürfnisse, Wünsche und Ziele verantwortlich zu sein?
- Was bedeutet es für Sie, für Ihre Gefühle – Ihre Freude, Ihr Wohlgefühl, Ihre Gelassenheit und Ihren Stress – verantwortlich zu sein?
- Was heißt es für Sie, Verantwortung für Ihr Handeln und die daraus folgenden Konsequenzen zu übernehmen?
- Wodurch drückt sich für Sie Selbstverantwortung in Ihrer Kommunikation mit anderen aus?
- Wer ist dafür verantwortlich, wenn Sie eine Situation als Problem oder als Entwicklungschance bezeichnen? – Was heißt das dann für Sie?

Wohlfühlideen

Achten Sie im Alltag darauf, dass Sie fürsorglich mit sich umgehen:

- Gönnen Sie sich abends Zeiten der Entspannung.
- Genießen Sie ein angenehmes Bad.

- Halten Sie während des Tages immer wieder inne und verbinden Sie sich mit Ihren Kraftquellen.
- Nehmen Sie sich genug Zeit, die Mahlzeiten in Ruhe zu verzehren.
- Reden Sie liebevoll mit sich selbst, wenn Ihnen etwas nicht so gut gelungen ist.
- Ermutigen Sie sich selbst, sich für Ihre Bedürfnisse stark zu machen.

Jammerübung

- *Jammern kann Sie entlasten. Nehmen Sie sich täglich 5 Minuten Zeit für Selbstmitleid. Sie können dies zum Beispiel bewusst als Übung machen und mit Mikro in Ihren PC sprechen oder aufschreiben.*

- *Hören Sie sich dann Ihr Jammern wieder an oder lesen Sie Satz für Satz durch.*

Dabei können Sie bestimmte Denkmuster erkennen. In der Regel werden Sie die Entdeckung machen, dass Sie bestimmte Bedürfnisse (etwa das Bedürfnis nach Anerkennung) haben und diese noch nicht befriedigt sind!

Sodann können Sie sich überlegen, wie Sie selbst diese Bedürfnisse in Ihrem täglichen Leben auf wohltuende Weise befriedigen können, sodass Sie mit sich selbst im Reinen sind und aktiv handeln können.

Doch manchmal sind wir einfach unsicher und haben Angst, über unseren Schatten zu springen.

10

Warum soll ich Angst zulassen?

Es gehört Mut dazu,
sich einer Angst zu stellen
und sie auszuhalten.
Hoimar von Ditfurth

Tatsache ist: Im Lauf unseres Lebens haben wir so viel gelernt, uns immer wieder auf neue Situationen eingestellt, Grenzen überschritten, neue Wege ausprobiert und unseren Denk- und Handlungsspielraum erweitert. Ob uns das bewusst ist oder nicht, wir haben schon viele Erfahrungen im Umgang mit Veränderungen gemacht.

Und dennoch, kaum stehen wir vor einer neuen Situation, die wir als bedrohlich bewerten, geschieht wieder dasselbe. Im Gehirn läuten die Alarmglocken und melden »Risiko«. Uns kommen Zweifel und Bedenken wie etwa: »Bin ich überhaupt der Aufgabe gewachsen?« »Was passiert, wenn es schiefgeht?« »Ich muss erfolgreich sein!« Selbstsabotageprogramme, Überzeugungen, Glaubenssätze springen automatisch an, treiben uns an oder warnen uns. Wir spüren, wie der Puls schneller schlägt, wie wir flacher atmen. Die Muskeln sind angespannt, wir schwitzen, sind nervös, fühlen uns unsicher, bekommen Angst oder wollen das Neue anpacken. »Adrenalin schießt durch die Adern« (der WM-Song der Rodelweltmeisterschaft 2008).

Was also tun? Unser Gehirn sucht verzweifelt einen kreativen Ausweg und eine befriedigende Lösung für die Situation.

Die Fragen sind:

a) Lassen wir uns von unserer Angst lähmen oder akzeptieren wir, dass sie da ist, und machen dennoch den nächsten Entwicklungsschritt?

b) Wovor haben wir denn Angst?

Der Antworten gibt es viele. Wir haben

- Angst vor dem Unbekannten
- Angst vor Veränderung
- Angst zu versagen
- Angst vor Verletzungen, Kränkungen, Krankheit
- Angst vor Hilflosigkeit, Ohnmacht
- Angst vor Liebesentzug, Zurückweisung, Ablehnung
- Angst vor Einsamkeit, Isolation
- Angst vor dem Tod
- Angst vor Einengung
- Angst vor Freiheit und Selbstverantwortung

Wir haben Angst, dass alles anders werden könnte – dass wir morgen arbeitslos sind, dass wir die Miete nicht mehr bezahlen können, dass der Partner uns verlässt, dass wir krank werden könnten. Der Fantasie sind keine Grenzen gesetzt. Wir können täglich neue innere Katastrophenfilme und Ängste kreieren. Wir können uns täglich belastende Sorgen um die Zukunft machen. Diese Freiheit haben wir.

Was ist Angst?

Angst ist ein wesentliches menschliches Grundgefühl und eine fundamentale menschliche Erfahrung. Sie kommt blitzartig in Situationen, die wir als bedrohlich empfinden.

Das Wort »Angst« kommt vom lateinischen »angustus« und bedeutet »eng«. Evolutionsgeschichtlich hat Angst wesentlich dazu beigetragen, bei Gefahren rasch zu handeln. Angst verengt die Wahrnehmung, das Denken wird eingeschränkt und unflexibel, wir sind besorgt, nervös, fühlen uns beengt, erregt. Wir sind in Habtachtstellung und bereiten uns darauf vor, auf die vermeintliche oder reale Bedrohung zu reagieren.

Wir sind – ganz wie die Steinzeitmenschen – bereit, entweder zu fliehen oder zu kämpfen. Die bereitgestellte Energie wird abgebaut, sobald wir in der Situation eine befriedigende Lösung gefunden haben.

Heute sind reale Gefahren seltener geworden, doch selbst wenn wir uns mögliche Bedrohungen beruflicher wie privater Art nur mental vorstellen, reagiert unser Körper ähnlich wie in realen Gefahrensituationen. Das ganze Stressprogramm springt an!

Angst hat damit zu tun, dass wir die eigenen Möglichkeiten für eine Lösung der Situation unterschätzen und die mögliche Bedrohung stark überschätzen. Das bedeutet, wenn wir Situationen realistischer einschätzen lernen, können wir in vielen Situationen gelassener bleiben und uns auf unsere Stärken konzentrieren.

Angst trennt uns von unserem Bewusstsein und unserer persönlichen Kraft. Daher fühlen wir uns unsicher und schieben die persönliche Verantwortung an den jeweiligen Situationen gerne anderen zu. Je länger wir von unserer innewohnenden Kraftquelle abgeschnitten sind, desto schwieriger wird es, sich einer neuen Herausforderung und Lage anzupassen und erste Schritte der Veränderung vorzunehmen. Es ist wie ein Teufelskreis.

Wir benutzen unsere Selbstsabotageprogramme, um die Angst nicht spüren zu müssen, unterdrücken und verleugnen sie, kämpfen dagegen und wollen sie so schnell wie möglich wieder loswerden.

Doch wer gegen die Angst kämpft, macht sie stärker. Solange wir mit unseren Konditionierungen identifiziert sind, geben wir der Angst Macht über uns und beginnen womöglich zu glauben, das sei das Ende der Welt. Dabei kann dies der Anfang eines wunderbaren lohnenswerten Abenteuers sein, wie wir schon bei Laotse nachlesen können. Er sagt:

Was die Raupe Ende der Welt nennt,
nennt der Rest der Welt Schmetterling.

Um unsere Angst zu bewältigen, benutzen wir Buhmänner und Sündenböcke. Wir projizieren unsere Ängste auf sie und bekämpfen dann diese Menschen oder Gruppen. Dabei geht es nie wirklich um diese Gruppen, sondern um die Abwehr der eigenen Ängste. Indem wir andere abwerten, erhöhen wir uns selbst!

Angst erfüllt einen positiven Zweck

Bei gefährlichen Situationen sind wir in der Lage, rasch und ohne viel zu überlegen zu handeln.

Wir können nur Angst haben vor zukünftigen Situationen. Angst will uns aufmerksam machen, uns gut auf Neues vorzubereiten, sie hilft uns, wachsam und achtsam zu sein, wenn wir Neuland betreten. Sie hilft uns zu wachsen.

Ziel ist es,

- unsere Ängste zu verstehen. Im Licht des Bewusstseins wird die Angst kleiner.
- Angst kann uns auf alte Konditionierungen aus der Kindheit aufmerksam machen. Wenn diese uns bewusst werden, können wir uns von der Identifikation damit lösen. Unser inneres Kind kann sich jetzt beruhigen, wir können mit »alten« schmerzhaften Situationen abschließen und haben unsere Energie frei für Neues.

- Angst kann ein Weckruf sein, zu lernen, konstruktiv mit ihr umzugehen.
- Angst zeigt uns Grenzen auf – ist daher eine Chance, uns fachlich wie persönlich weiterzuentwickeln. Wir werden kreativ und finden neue Möglichkeiten zu handeln. Ein alter Spruch lautet »Dort, wo die Angst ist, ist deine Entwicklungschance«.

Übung

- *Erinnern Sie sich als Erstes an eine Situation, in der Sie voller Selbstvertrauen waren, und verbinden Sie sich damit. Spüren Sie, wie sich dabei Ihr Körper anfühlt, und nehmen Sie sich Zeit, diese guten Gefühle ausdehnen zu lassen.*
- *Stellen Sie sich dann einen Augenblick eine zweite Situation vor, vor der Sie bislang Angst hatten – eine Situation, die Sie bisher am liebsten vermieden hätten.*
- *Versetzen Sie sich wieder in die erste Situation und spüren Sie, wie gut Sie sich fühlen, wie es ist, so vertrauensvoll zu sein.*
- *Was ändert sich für Sie, wenn Sie nun bei dem guten Gefühl bleiben und nun die zweite Situation voller Selbstvertrauen betrachten? Wie handeln Sie dann?*
- *Welche Fähigkeiten und Kompetenzen kommen jetzt zum Einsatz?*
- *Welche neuen Überzeugungen haben Sie jetzt in der zweiten Situation, in der Sie voller Selbstvertrauen agieren?*
- *Wie ändert sich dadurch die gesamte Situation für Sie?*

Es ist viel wert, wenn wir unsere Angst bewusst zulassen und uns Zeit nehmen, sie wahrzunehmen.

Wichtig ist, sie zuzulassen, weder davonzulaufen noch sie zu ignorieren, weder dagegen zu kämpfen noch in Selbstmitleid zu versinken. Die Angst schrumpft, wenn wir uns ihr stellen. Damit verbunden löst sich die Erstarrung. Gefühle wie Wut, Traurigkeit und Erinnerungen an schmerzhafte Verletzungen kommen nun zum Vorschein, können nun geheilt werden. Wir können alte unvollständige Situationen innerlich abschließen, sind versöhnt. Wir sind nun weicher, milder, sind mental klarer, aufmerksamer und präsenter.

> Vor ein paar Wochen war ein Mann im Coaching, dessen Frau vor mehreren Monaten an Krebs erkrankt war. Seither blieb er abends länger im Büro und lud am Wochenende Gäste ein. Ihm war es »irgendwie unangenehm«, länger mit seiner Frau zusammen zu sein. Auf ihre Nähewünsche konnte er nicht eingehen. Im Coaching war es ihm möglich, seine»unangenehmen« Gefühle zuzulassen. Er wurde traurig und bekam Angst, verlassen zu werden. Da erinnerte er sich, dass seine Mutter gestorben war, als er zehn Jahre alt war. »Damals musste ich stark sein und habe mit meinem jüngeren Bruder sehr viel unternommen.« Jetzt konnte er die Trauer um den Tod seiner Mutter nachholen, seinen Schmerz des Verlassenseins fühlen. Er konnte mit dem Buben, der er einst war, mitfühlen, wurde weicher und milder und konnte die Nähe zu seiner Frau wieder zulassen und musste sich nicht mehr dauernd ablenken und etwas unternehmen.

Das Leben ist widersprüchlich, es verläuft nicht logisch, ist nicht berechenbar und läuft nicht immer so, wie wir uns das vorstellen.

Das Leben bietet uns mehr als unsere Erwartungen, mehr als Vorstellungen und liefert immer wieder Überraschungen und spannende Herausforderungen. Wir können uns dann an unseren festen

Vorstellungen festklammern, Nein zu der Realität sagen und leiden oder wir können der Realität und unseren möglichen Ängsten ins Auge schauen und Ja zum Leben sagen und Möglichkeiten finden, auch mit völlig neuen, gänzlich unerwarteten Wendungen konstruktiv umzugehen, selbst wenn wir im ersten Augenblick nicht wissen, wie es weitergehen soll.

Wie können wir unser Selbstvertrauen stärken?

In unserer schnelllebigen Welt sind wir täglich aufgefordert, mit Veränderungen umzugehen. Dabei ist es gerade jetzt wichtig, selbst in einem guten, kraftvollen und zuversichtlichen Zustand zu sein.

Sie erhalten hier **Übungen**, wie Sie Ihr Selbstvertrauen und Ihre innere Sicherheit stärken und sich mit Ihren inneren Kraftquellen und Ressourcen verbinden können. Mit dem Phönix-Prinzip lernen Sie, wie Sie von einem unsicheren, ängstlichen Zustand wieder an Ihr Vertrauen andocken können und für Neues gerüstet sind.

Je mehr Ihr Gehirn im Hinblick auf Vertrauen und Sicherheit lernt, desto besser werden diese Qualitäten im Gehirn gespeichert.

a) Fähigkeiten und Eigenschaften

- *Welche Fähigkeiten und Eigenschaften würden Sie gerne anstelle der Angst haben? In welchen früheren Situationen hatten Sie diese Qualitäten schon?*

- *Versetzen Sie sich noch einmal in diese Qualitäten hinein und spüren Sie, wie es Ihnen emotional und körperlich dabei geht.*

- *Bleiben Sie bei diesem guten Gefühl und stellen Sie sich vor, wie eine mögliche zukünftige Situation zu Ihrer völligen Zufriedenheit abläuft.*

b) Schlechtestes und bestes Resultat

Denken Sie an eine zukünftige Situation, in der Sie etwas Neues tun wollen, und fragen Sie sich:

- *Was könnte Ihnen schlimmstenfalls passieren, wenn Sie sich auf das Neue einlassen? Was wäre dann? Welche Möglichkeiten hätten Sie dann immer noch? (Es gibt immer Lösungen.)*
- *Was kann Ihnen bestenfalls passieren, wenn Sie voll hinter der neuen Lösung stehen?*
- *Wie würden Sie sich fühlen, wenn Sie überzeugt wären, dass Sie mit dem anstehenden Schritt ins Neuland erfolgreich sind?*
- *Welche vorhandenen Fähigkeiten unterstützen Sie dabei?*
- *Wie würden Sie handeln, wenn Sie wüssten, dass Sie für Ihre Situation die passgenaue Lösung entwickeln?*

c) Prüfen Sie, welche Gedanken Sie in Bezug auf Veränderungen haben

Erlauben Sie sich zudem, neue positive Gedanken zum konstruktiven Umgang mit Veränderung zu entwickeln. Zum Beispiel:

- *Veränderung ist das einzig Beständige.*
- *Wer wagt, gewinnt.*
- *Es macht mir Spaß, dazuzulernen.*
- *Ich kann mein Leben aktiv gestalten.*
- *Es gibt immer neue Möglichkeiten zu wachsen.*
- *Ich kann mir und meinen Fähigkeiten vertrauen.*
- *Ich erlaube mir, auf meine Bedürfnisse zu achten.*

d) Aktivieren Sie positive Veränderungsressourcen

Erinnern Sie sich an eine Situation in der Vergangenheit, in der Sie eine neue Situation erfolgreich gemeistert haben – Sie haben beispielsweise die Fahrprüfung bestanden, erfolgreich Nein gesagt, sind vom Drei-Meter-Brett ins Wasser gesprungen ...

- *Versetzen Sie sich wieder in die Situation hinein:*

  Nehmen Sie die Situation vor Ihrem geistigen Auge genau wahr. Wie fühlen Sie sich, nachdem Sie eine neue Situation erfolgreich gemeistert haben? Was spüren Sie körperlich dabei? Was denken Sie über sich, dass Sie eine neue Situation so erfolgreich gemeistert haben? Und nehmen Sie wahr, wie Sie sich über Ihren Erfolg freuen, wie gut es ist, sich selbst etwas zuzutrauen.

e) Führen Sie ein Erfolgstagebuch

1. Schreiben Sie verschiedene Veränderungen, die Sie in Ihrem Leben gemeistert haben, auf.

- *Notieren Sie, was Sie bei jeder Veränderung dazugelernt und welche neuen Kompetenzen Sie dazugewonnen haben.*

- *Denken Sie dann an die aktuelle Situation. Welche Kompetenzen bringen Sie schon mit, die Ihnen helfen, dass Sie mit hoher Wahrscheinlichkeit die anstehende Veränderung meistern? Wie fühlen Sie sich, wenn Sie sich hundertprozentig für das Neue entschieden haben?*

2. Tragen Sie zudem in dieses Buch alles ein, was Ihnen im Lauf des Tages gut gelungen ist. Schreiben Sie auf, was Sie an diesem Tag dazugelernt haben.

f) Stellen Sie Fragen, die Ihnen Handlungsmöglichkeiten eröffnen

- *Wenn Sie sich bis jetzt gefragt haben: »Was passiert mit mir, wenn X eintritt ...«, sind Sie bei Negativgedanken und -szenarien stehen geblieben.*

- *Wenn Sie ab jetzt fragen: »Was kann ich tun, wenn X eintreten sollte?«, entwickeln Sie neue Lösungswege.*

g) Energie im Körper verteilen

- *Sobald Sie bemerken, dass Sie vornehmlich denken, grübeln, sich Sorgen machen, nehmen Sie sich ausreichend Zeit.*

1. Schließen Sie – wenn möglich – die Augen und nehmen Sie deutlich Ihren Atem wahr, atmen Sie tief aus und langsam wieder ein ... Spüren Sie nach und nach Ihren ganzen Körper und fühlen Sie dabei, wie sich dadurch Ihre Gefühle verändern.

2. Nehmen Sie dann die Haltung im Sitzen oder Stehen ein, die Ihrem erwünschten Lebensgefühl am ehesten entspricht. Wichtig ist, dass Sie sich dabei absolut gut fühlen, genau so, wie Sie es brauchen. Lassen Sie sich Zeit dabei, dieses innere Gefühl zu intensivieren.

3. Öffnen Sie die Augen wieder und stellen Sie fest, ob Sie jetzt diesem angestrebten Lebensgefühl auch in Ihrer Haltung bei offenen Augen Ausdruck verleihen möchten.

h) Arbeit mit Bachblüten

- *Wir verweisen Sie hier auf die »Erste-Hilfe-Maßnahmen«. Dort finden Sie entsprechende Bachblüten als unterstützende Maßnahme zur Stärkung Ihres Vertrauens.*

Noch Angst vor Fehlern?

> Wer einen Fehler nur als Umweg sieht,
> verliert sein Ziel nie aus den Augen.
> Unbekannt

Warum entscheiden sich manche Menschen nicht? Warum schieben sie Dinge auf die lange Bank?

Viele Menschen haben Angst vor Fehlern bzw. vor den möglicherweise drohenden Konsequenzen.

Wie sich die Angst vor Fehlern auswirkt und schließlich zu Fehlern führen kann, zeigt folgendes Schema:

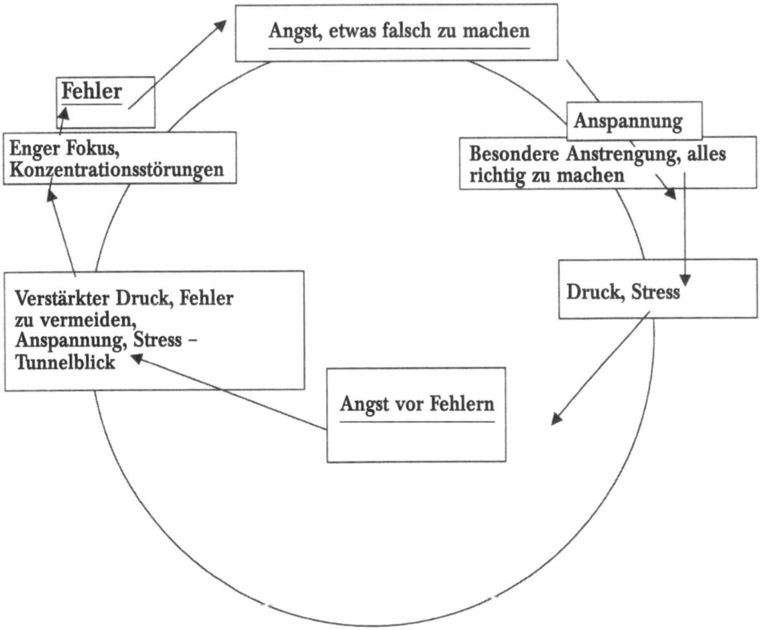

Die Frage ist: Können Sie JETZT überhaupt einen Fehler machen?

Handelt nicht jeder Mensch immer, so gut er kann, nach bestem Wissen und Können?

Was wir als Fehler bezeichnen, das ist die nachträgliche Bewertung einer Lage, eines Sachverhalts. JETZT sind wir doch von dem überzeugt, was wir tun, sonst würden wir anders handeln, oder?

Das bedeutet: JETZT machen wir immer eine Erfahrung, und manchmal erkennen wir bereits eine Sekunde später, dass es ein Fehler war. Aber wir erkennen es erst im Nachhinein.

Als Kinder haben wir gehört: »Pass bloß auf! Mach ja keinen Fehler!« Natürlich lernten wir dabei wirkungsvolle Fehlervermeidungsstrategien, doch in manchen Situationen, besonders wenn wir an der Grenze unserer bisherigen Gewohnheiten angelangt sind und zu neuen Ufern aufbrechen wollen, poppt dann die Angst vor einem Fehler hoch. Damit spannen wir uns an, die Aufmerksamkeit liegt auf möglichen »Fehlern«, wir strengen uns ganz besonders an, ja keinen Fehler zu machen und … schwupps! … machen wir einen!

Die Angst vor Fehlern kann schließlich dazu führen, dass wir zu erledigende Aufgaben oder Entscheidungen vor uns her schieben, ja sogar, dass wir aus Angst, etwas falsch zu machen, gar nichts tun.

Wer nie zu scheitern wagt, hat schon verloren!

Es gibt dazu eine Geschichte über Walt Disney.

Walt Disney kam vor vielen Jahren auf die Idee, Vergnügungsparks anzulegen, bei denen die Besucher Eintritt bezahlen sollten. Dazu brauchte er Geld von der Bank.

Die erste Bank lehnte sein Vorhaben ab, niemand dort konnte sich vorstellen, dass Leute für den Eintritt bezahlen sollten! Die zweite Bank lehnte ab. Er ließ sich aber nicht von Kritikern beeindrucken, sondern hielt weiter an seiner Idee fest, feilte sie jedes Mal etwas mehr aus und reiste von Bank zu Bank durch Amerika. Er war von der Richtigkeit seiner Idee hundertprozentig überzeugt. Was glauben Sie, bei wie vielen Banken er vorsprach? 25, 50, 100? Nein, es waren über 200 Banken, bis er endlich finanzielle Unterstützung bekam! Heute sind seine Vergnügungsparks weltweit erfolgreich und erfreuen Kinder und Erwachsene!

Thomas Edison, der Erfinder der Glühlampe, soll über 900 Versuche durchgeführt haben, bis seine Bemühungen von Erfolg gekrönt waren. Da soll ein wichtiger Herr zu ihm gesagt haben: »Sie sind ja oft gescheitert.« Darauf soll er erwidert haben: »Ich bin nie gescheitert, ich bin jedes Mal meinem Ziel einen Schritt näher gekommen.«

Gleichgültig, ob wir bei einer Aufgabe einen Fehler machen oder gewinnen, wir gewinnen in jedem Fall an Erfahrung, durch die wir lernen können. Entweder wir werden darin bestätigt, dass es richtig ist, was wir tun, oder wir können daraus lernen.

Fehler passieren uns immer wieder.

- Fehler geben uns Feedback. Sie zeigen uns, wo wir gerade in unserem Lernprozess stehen.
- Fehler sind wichtige Wachstums- und Entwicklungschancen.
- Ein Fehler zeigt uns, wo uns etwas fehlt! Und dafür können wir dankbar sein, denn wir wissen, in welche Richtung unsere Entwicklung geht und was wir als Nächstes lernen wollen/müssen, um weiterhin gut für uns selbst zu sorgen.
- Bei Fehlern können wir lernen, »bei uns« zu bleiben, die Verantwortung übernehmen und erkennen, was jetzt zu tun ist.

Es gibt den Spruch: »Wer nicht handelt, macht keine Fehler.« Doch der lernt nichts dazu. Wer viele Fehler macht, lernt viel und hoffentlich jedes Mal daraus.

Ich bin immer wieder erstaunt, wenn ich Bücher über erfolgreiche Menschen lese, wie viele Rückschlage sie erlebt, wie viele Hindernisse sie überwunden haben, und dennoch haben sie sich von ihrer Angst vor Fehlern nicht entmutigen lassen und sind am Ball geblieben, bis sie ihr Ziel erreicht haben. Das heißt nicht, dass sie nie gezweifelt haben, das heißt auch nicht, dass sie nie Angst vor Fehlern hatten, doch ihr Mut und ihr Vertrauen waren stärker als die Angst. Sie sind ihren Ideen und Träumen beharrlich gefolgt und sich selbst treu geblieben.

Wir haben alle schon viele Erfahrungen gemacht, die uns letztlich weitergebracht haben. Und mit jeder neuen Erfahrung gehen wir wieder über die Grenzen, vergrößern unsere Kompetenzen und vertiefen unser Selbstvertrauen.

Mit jeder neuen Erfahrung entwickeln wir uns weiter, nehmen aktiv am Spiel des Lebens teil und gewinnen an Zufriedenheit, Selbstmotivation, Wahrhaftigkeit, Integrität. Genau das ist es, was uns wach und lebendig hält.

In diesem Sinne:

Risk and have fun!

11

Wie kann ich in der Gegenwart leben?

> Deine Erwartungen und Wünsche versprechen
> dir Erfüllung und Freude in der Zukunft.
> Doch wahrhaftige Erfüllung findest du
> nicht irgendwann und irgendwo –
> es gibt sie nur jetzt und wieder jetzt.
> G. P.

Es kommt vor, dass, wenn jemand einen Raum betritt, andere über ihn bewundernd sagen: »Der ist präsent.« Sie spüren instinktiv, dass dieser jemand »wach und voll da« ist, und das hat nichts mit seinem Redeanteil oder der Lautstärke seiner Stimme zu tun.

Bei Schauspielern ist Bühnenpräsenz gefragt. In Rhetoriktrainings wollen Teilnehmer »Präsenz«, »Ausstrahlung« oder »Charisma« lernen, weil sie wissen, dass sie dadurch kraftvoller und mental stärker sind und besser »rüberkommen«.

Doch was ist Präsenz?

»Ich fühle mich stark und sicher, stehe mit beiden Beinen auf der Erde, bin zufrieden und glücklich«, sagte Anna, eine junge Frau, im Coaching und fügte nach einer Pause hinzu: »Das bin ich wirklich.« Sie hatte inneren Abstand zu ihrem ursprünglichen Problem und ihrem Gedankenkarussell gewonnen, fühlte sich unabhängig, selbstsicher und fand es »amüsant, die Situation aus der Distanz zu sehen«. Erstaunt meinte sie: »Ich kann meine Gedanken sehen

– die kommen und gehen wie Schleierwolken. Diese Weite, diese Klarheit. Ich bin unabhängig von meinen Gedanken, sonst könnte ich sie ja nicht sehen. Das ist Freiheit!« Sie kostete eine Weile schweigend diesen Zustand aus und meinte dann: »Jetzt bin ich frei, so zu handeln, wie ich es für richtig halte, und nicht, wie andere es von mir erwarten!«

Ein Hochleistungssportler, mit dem ich arbeite, sagte: »Kurz vor dem Rennen geht es nicht darum, dass ich negativ denke. Es geht auch nicht darum, dass ich positiv denke.«

»Worum geht es dann?«, fragte ich.

»Darum, dass ich gar nicht denke.«

»Und was ist dann?«

»Wenn keine Gedanken da sind, dann bin ICH da – und kann direkt reagieren.«

Diese zwei Beispiele weisen darauf hin, was unter Präsenz verstanden werden kann.

Präsenz ist ein anderes Wort für Gegenwärtigkeit. Wir erleben alle Augenblicke, in denen wir völlig gegenwärtig sind. Dann spüren wir unsere Grundkraft und Energie. Wir ruhen in uns, erleben unmittelbar die Weite des Geistes, sind offen für das, was ist. Wir können direkt handeln und wissen, dass es richtig ist, und heißen andere Menschen willkommen.

Allein in der Gegenwart können wir denken, fühlen, spüren, entscheiden und handeln. Allein in der Gegenwart essen wir, trinken, arbeiten, schmieden Pläne oder entspannen. Allein in der Gegenwart können wir Weichen stellen für die Zukunft. Nur in der Gegenwart entwickeln wir Ziele und Maßnahmen für die Zukunft. Nur in der Gegenwart erinnern wir uns an vergangene Zeiten.

Doch oftmals sind wir so mit der Zukunft beschäftigt – entweder wir hoffen auf bessere Zeiten oder wir fürchten, dass alles bergab geht –, dass wir uns völlig mit unseren Gedanken identifizieren und entsprechend emotional und körperlich reagieren.

Vor ein paar Jahren hatte ich (G. P.) Denguefieber. Diese Krankheit, verbunden mit hohem Fieber und wochenlanger extremer Müdigkeit und Kraftlosigkeit, hatte ich von meiner Arbeit in Indien mitgebracht. Dadurch musste ich verschiedene Trainings und Coachings absagen, konnte keine neuen Aufträge akquirieren und stand nach meiner Gesundung mit einem leeren Terminkalender da. Damals rechnete ich mir fast täglich aus, wie lange mein Geld noch reichen und wann ich völlig verarmt unter einer Brücke landen würde. Durch diese unglaublich »produktiven« Gedanken setzte ich mich unter Druck, wurde zunehmend nervös, unkonzentriert und bedauerte mich. Ich armes Opfer! Obendrein kam ich mir wie eine Versagerin und Betrügerin vor – ich, die Führungskräfte, Sportler und Einzelpersonen trainiert und gecoacht hatte, damit sie sich selbst effektiv führen, innere Kraft und mentale Stärke entwickeln und Herausforderungen aktiv meistern konnten. Ha!

Nachdem ich – endlich – bewusst wahrgenommen und aufgeschrieben, durch welche – ach so wunderbaren – Gedanken ich diesen mentalen Katastrophenfilm am Leben hielt, und mir die Konsequenzen deutlich abschreckend vorgestellt hatte, sagte ich mir innerlich: »Genug! Genug gelitten!«, und entwickelte eine wirksame Übung, die mit »Gegenwärtigsein« zu tun hatte.

Wann immer meine Ängste wieder hochkamen, setzte ich mich hin und sagte: »Diese Gedanken sind jetzt da«, schaute mich bewusst im Wohnzimmer um und beantwortete die Frage: »Was ist jetzt?« Ich stellte – welch ein Wunder – fest, dass ich im warmen Wohnzimmer in einem bequemen Sessel saß, während es draußen stürmte und schneite. Ich nahm mir viel Zeit und beobachtete bewusst, wie sich dabei mein Körper, meine Gedanken und Gefühle befreit entspannten.

Durch diese Wahrnehmungsübung kam ich wieder in die Realität zurück. Mein »innerer Beobachter« wurde mit jeder Übung stärker, mein Negativfilm schwächer und unwirklicher. Ich konnte zunehmend über meine Katastrophenfilme schmunzeln, entwickelte neue Ideen und Strategien für die Zukunft und hatte Freude daran, sie umzusetzen.

Durch das innere Beobachten entsteht ein Abstand zu Gedanken und Gefühlen. Man ist nicht mehr mit den Gedankeninhalten identifiziert, sondern kann sie als das wahrnehmen, was sie sind, nämlich Gedanken und Gefühle, behält dadurch seine Kraft und kann aktiv handeln.

Wenn du dich beklagen willst, erschaffe eine Vergangenheit.
Wenn du dich stressen willst, erschaffe eine Zukunft.
Wenn du gelassen sein willst, öffne dich für die Gegenwart.
Unbekannt

Das Leben selbst findet nun mal hier und jetzt statt, denn die tatsächliche Vergangenheit ist vorbei (auch wenn wir noch daran hängen), und die Zukunft ist noch nicht da (auch wenn wir schon manchmal mit ihr identifiziert sind).

Die einzige Zeit, die es gibt, ist das JETZT, und die einzige Möglichkeit, zu denken und zu handeln, ist auch JETZT.

Präsenz ist im Hintergrund immer da, nicht selten überlagert von vielen Gedanken, die im Kopf herumschwirren und oft für Realität gehalten werden, anstatt sie zu erkennen als das, was sie sind – Konzepte, Erinnerungen, Träumereien, Pläne.

Gedanken sind für das erfolgreiche Meistern des Alltags mit seinen Herausforderungen wichtig und wertvoll, doch wenn wir uns damit identifizieren, verlieren wir den Abstand dazu UND wir verlieren unsere Gegenwärtigkeit, das heißt, wir nehmen nur noch durch unsere gefärbte Brille eingeschränkt und verzerrt wahr und handeln entsprechend. Doch wir haben immer wieder die Chance, uns aus alten Mustern zu lösen und uns für die Gegenwart zu öffnen.

Präsenz entfaltet sich, je mehr Sie gegenwärtig sind – mit allen Sinnen, mit Ihrer ganzen Aufmerksamkeit, ihrem ganzen Sein. Präsent zu sein – das ist eine deutlich spürbare einheitliche Erfahrung, bei welcher der übliche mentale Gedankenlärm völlig in den Hintergrund tritt. Es ist die grundlegende Erfahrung der eigenen Existenz.

»Ja, ich weiß doch, dass ich lebe, was soll daran außergewöhnlich sein?«, mögen Sie denken, doch wenn Sie diese Erfahrung machen, dann wissen Sie, dass dies eine fundamentale, substanziell tiefe Erfahrung ist, die das gewöhnliche Alltagsdenken weit übersteigt. Hier sind Selbstvertrauen, Sicherheit und Stabilität selbstverständlich da. Sie kommen gar nicht auf die Idee, an so etwas überhaupt zu denken, eben weil dies so selbstverständlich vorhandene Qualitäten sind ebenso wie Frieden und Harmonie. Da ist keine Identifikation mit dem persönlichen Selbstbild oder mit Emotionen, der Fokus liegt ganz auf dem Augenblick.

> Der größte Irrtum des Menschen ist es, dass er das
> Haben, Tun und Werden mehr schätzt als das Sein.
>
> G. P.

Mit Logik und Analyse ist diese Erfahrung nicht fassbar und nachvollziehbar. Wenn Sie diese Erfahrung von Präsenz machen, dann haben Sie die absolute Gewissheit davon, »ganz da zu sein«. Diese Gewissheit ist spürbar, sie ist unumstößlich. Von diesem inneren Wissen aus können Sie Gedankeninhalte, Gedankenformen, Probleme, Wünsche und Gefühle als solche mit Abstand erkennen. Sie lassen sich jedoch weder von Ihren eigenen gedanklichen Lieblingsdramen oder -träumen noch von anderen in deren »Spiele« verwickeln, sondern Sie bleiben bei sich und damit in Ihrer Kraft und Stärke. Ihre Wahrnehmung ist direkt und klar, Sie sind gegenwärtig und wissen, was Sie als Nächstes tun.

Eine Frau, die schon Erfahrungen darin hatte, sich selbst wahrzunehmen und zu spüren, kam wegen eines akuten Problems mit ihrem pubertierenden Sohn zu mir. Sie konnte erneut daran andocken, »bei sich selbst« und »ganz da« zu sein. Sie sagte: »Ich fühle mich ruhig und entschieden, alles ist auf einen Punkt gebracht. Ich habe eine innere Ordnung, alles ist an seinem Platz. Es gibt nur das – die Wahrheit. Ich habe Abstand zu dem, was außen ist, bin ganz bei mir und kann das genießen. Ich kann alles sehen – meine Erinnerungen und Erwartungen, die ich an meinen Sohn hatte – das ist lustig.« Sie lachte. Nach einer kleinen Pause fuhr sie fort: »Mein Körper ist lebendig, mein Gefühl ist stabil – es ist keine Einschränkung da – ich bin frei. Nichts ist da. Von der Warte aus weiß ich, was ich tue, kann auf den anderen eingehen und bin klar und konsequent. Meine Stärke liegt in der Ruhe und der Kraft. Ich muss niemanden überzeugen, ich handle aus meiner Wahrheit. Das ist befreiend. Ich bin glücklich und dankbar, dass ich das spüren darf.«

Mit diesem inneren Abstand erkannte sie, wie inkonsequent sie sich ihrem Sohn gegenüber verhalten hatte, und entwickelte eine neue Strategie, mit ihm über das Problem zu sprechen.

Es ist sinnvoll, das innere Beobachten eine Weile regelmäßig zu Hause zu üben. Dann können Sie dies auch in Ihrem täglichen Arbeitsumfeld anwenden, indem Sie vor einem wichtigen Gespräch, vor einer wichtigen Frage kurz innehalten und ein paarmal gut durchatmen. Das allein kann schon reichen, präsenter und aufnahmefähiger zu sein.

Wahrnehmungsübung

1. Nehmen Sie sich Zeit.

❁ *Setzen Sie sich bequem hin und lenken Sie Ihre Aufmerksamkeit auf den Raum, in dem Sie gerade sitzen. Sehen Sie genau hin, wie die Einrichtung ist, welche Farben, Pflanzen da sind, wie das Licht fällt, und hören Sie, welche Geräusche es gibt.*

❁ *Als Nächstes nehmen Sie wahr, wie Sie atmen ... und spüren, wie sich Ihre Füße, Beine, Arme, Hände, Gesäß, Bauch, Brust, Rücken, Schultern, Hals und Kopf anfühlen. Nehmen Sie sich Zeit, Körperteil für Körperteil von innen zu spüren ... ohne zu werten, ohne zu urteilen. Nehmen Sie dann Ihren ganzen Körper wahr und erlauben Sie sich, ihn von innen zu spüren. Wie fühlen Sie sich dabei? Und was machen Ihre Gedanken?*

2. Setzen Sie sich wieder ungestört hin und schließen Sie die Augen.

❁ *Nehmen Sie dabei wahr, wie Gedanken kommen und gehen. Lassen Sie die Gedanken wie Wolken vorbeiziehen, während Sie diese als Beobachter einfach nur wahrnehmen.*

❁ *Nehmen Sie als Beobachter auch wahr, wie Gefühle kommen und gehen, nehmen Sie diese aber nur wahr.*

12

Wie kann ich einschränkende Glaubenssätze überwinden?

Es sind nicht die Dinge,
die uns beunruhigen,
sondern unsere Sicht der Dinge.
Epiktet

Warum halten wir in bestimmten Situationen stur an unserer Meinung fest und wehren jeglichen neuen Impuls ab? Warum ist es anscheinend so schwer, das, was wir uns vorgenommen haben, in die Tat umzusetzen? Wieso tappen wir emotional immer wieder in die gleichen Fallen, obwohl uns unser Verstand davor warnt? Passen meine Einstellungen überhaupt noch in die heutige Zeit oder muss ich daran etwas verändern?

Vielleicht kennen Sie Situationen wie diese:

- Eine Frau hat beruflich viel zu tun, zudem zwei Ehrenämter übernommen und ist Mutter von drei Kindern. Sie stöhnt darüber, dass sie kaum Freizeit hat, würde sich aber sofort zusätzlich einsetzen, wenn man sie um Hilfe bittet.
- Sie haben einen Kollegen, der bei Konflikten aufsteht und geht.
- Ein Sportler ist im Training hervorragend, doch kann er in Wettkämpfen sein Können nicht umsetzen.

Da nützt es nichts, wenn andere sagen: »Mensch, sag doch mal endlich Nein!« Oder: »Setz dich doch endlich mal durch!« Oder: »Reiß dich zusammen!«

Derjenige nimmt es sich für das nächste Mal auch vor und ist von sich enttäuscht und wütend, wenn es wieder nicht klappt, doch mit alten mentalen Programmen kann er eben keine neuen Ergebnisse erwarten!

Jeder schleppt unbewusst ein paar dieser unbewussten Überzeugungen und mentalen Blockaden mit sich herum, die ihm bei dem, was er will, im Wege stehen.

Die Fragen sind: Woher kommen sie? Welche sind das? Wie kommen wir aus diesen schädlichen Mentalmustern heraus? Wie können wir neue Überzeugungen entwickeln, die uns guttun und uns auf unseren Wegen unterstützen?

Unsere Einstellungen und Überzeugungen beeinflussen maßgeblich, wie wir uns in der Welt aufgehoben fühlen, was wir uns zutrauen, wie wir uns weiterentwickeln, wie wir mit Veränderung, Leistung, Macht und Gesundheit umgehen. Sie bestimmen maßgeblich, wie erfolgreich wir sind.

Überwiegend stammen diese Einstellungen und Überzeugungen aus der Kindheit.

Wir haben sie, ebenso wie die Selbstsabotageprogramme, einerseits über Liebe, Lob, Wertschätzung und Anerkennung, andererseits über Strafe und Liebesentzug gelernt und in der Auseinandersetzung mit der Umwelt innere Einstellungen über uns, über andere Menschen, über das Leben und die Welt entwickelt.

Man nennt diese unbewussten Einstellungen auch »Glaubenssätze«, weil man daran glaubt. Der Begriff stammt aus dem neurolinguistischen Programmieren, wurde aber schon von Albert Ellis in der rational-emotiven Therapie in Form von »unrealistischen, illusionären Erwartungen« verwendet.

- Glaubenssätze sind tief verwurzelte Sätze, Überzeugungen, Einstellungen, die wir für wahr halten. Daher überprüfen wir ihren Wahrheitsgehalt nicht mehr.

- Sie sagen etwas darüber aus, wie wir zu uns selbst, zu anderen Menschen und Dingen stehen.
- Glaubenssätze sind Verallgemeinerungen, die wir nach dem Reiz-Reaktionsprinzip anwenden. Sie verzerren die Realität oder schließen ganze Bereiche aus. Sie können ein Körnchen Wahrheit enthalten, müssen aber nicht, zum Beispiel: »Männer sind stark« und »Frauen sind emotional«.
- Glaubenssätze sind oftmals Normen, Regeln, die unser Handeln leiten. Sie können aber auch unser Selbstbild als Ganzes betreffen und sind daher identitätsstiftend.
- Glaubenssätze wirken wie eine Brille, die sich vor die Wirklichkeit geschoben hat. Wir schauen mit dieser Brille in die Welt und interpretieren unsere Erfahrungen entsprechend unseres Glaubenssatzes.
- Über die sich selbsterfüllende Prophezeiung werden Glaubenssätze bestätigt und stärker!
- Glaubenssätze wirken, auch wenn der Verstand dagegen spricht.
- Glaubenssätze können konstruktiv (»Ich bin gut in X«) oder einschränkend (»Ich kann das nicht«) sein. Einerseits ermöglichen sie uns Entwicklung, andererseits zeigen sie uns Grenzen auf und halten uns in unserer Komfortzone fest.
- Die meisten Glaubenssätze sind uns nicht bewusst, können aber schrittweise bewusst gemacht werden.
- Glaubenssätze sind mit bestimmten unrealistischen Erwartungen und Idealvorstellungen verbunden. Werden diese nicht erfüllt, reagieren wir enttäuscht und frustriert.

Es gibt typische Glaubenssätze, die unser Selbstbild, Selbstverständnis und unsere Rollen, die wir täglich spielen, betreffen: »Ich bin der geborene Organisator.« »Ich bin ein Pechvogel.« »Ich bin ein guter

Mensch.« »Ich bin die beste Physiotherapeutin.« Wenn unser Selbstbild betroffen ist, bezieht sich dieser Glaubenssatz auf das gesamte Leben – auf unsere Werte, Einstellungen, Überzeugungen, aber auch Fähigkeiten und Verhalten. Daher ist es sehr wichtig, wahrzunehmen, welches Selbstbild wir haben und welche möglichen Auswirkungen dieser Glaubenssatz auf unser Leben hat. Wenn wir ein konstruktives Selbstbild haben, dann.....

Was sagen Sie über sich selbst?

»Ich bin…«

a) *Sehen wir uns nun einschränkende Glaubenssätze an, welche unsere eigenen Fähigkeiten und Verhalten betreffen*

- Ich muss hilfsbereit sein.
- Ich muss stark sein.
- Ich muss bescheiden sein.
- Ich muss anderen gefallen.
- Ich muss mich anstrengen.
- Ich muss perfekt sein.
- Ich muss mich beeilen.
- Ich muss pünktlich sein.
- Ich muss mich durchsetzen.

Zunächst wirken diese Glaubenssätze positiv. Qualitäten wie Hilfsbereitschaft, Pünktlichkeit oder Bescheidenheit sind doch konstruktiv.

Warum also sollen diese Glaubenssätze einschränkend sein?

Wer etwas Bestimmtes tun muss, hat keine Wahlmöglichkeit seines Verhaltens. Er MUSS sich auf eine bestimmte Weise verhalten, ist festgelegt, verfolgt stur seine Linie. Er kann sich nicht auf neue Situationen einstellen. Er handelt stets nach dem gleichen Muster, gleichgültig wie sinnvoll es in der jeweiligen Situation ist oder nicht.

Vor ein paar Tagen hatte ich einen Herrn im Coaching, der bei seinen Kollegen als intolerant und druckvoll gilt. Ihm dauerten die wöchentlichen Meetings immer zu lang. Er griff in den Meetings immer wieder aktiv und beschleunigend ein, wollte, dass diese zügig durchgeführt wurden und keinesfalls länger dauerten als veranschlagt. Seine Kollegen waren in seinen Augen zu langsam, brachten Dinge nicht auf den Punkt. Er setzte sich selbst und andere immer wieder unter Druck mit dem zeitlichen Ablauf, ärgerte sich, wenn Diskussionen zu lange dauerten. Weil die Kollegen aber keine Rücksicht auf seine Beschleunigungsversuche nahmen und in ihrem Tempo weiterdiskutierten, zog er sich innerlich zurück und sagte fast nichts mehr!

Aufgrund seiner Schilderung war es einfach, seine dazugehörigen Glaubenssätze herauszufiltern. Zuerst wirkte der Glaubenssatz »Ich muss mich beeilen«. Und nicht nur er – »alle müssen sich beeilen«. In der zweiten Hälfte kam ein anderer Glaubenssatz zum Einsatz, der da lautete: »Wenn andere sich nicht so verhalten, wie ich das will, dann sind sie zu langsam, dumm und müssen von mir bestraft werden.« In diesem Fall zog er sich zurück und verweigerte seine aktive Teilnahme am Meeting.

Die Berge, die es zu versetzen gilt, sind in unserem Innern.
Reinhold Messmer

Glaubenssätze können Menschen stark unter Druck setzen. Durch ihre unbewussten Bewertungen können sie in Dauerstress geraten. Sie werden unzufrieden und haben das Gefühl, dass sie den Situationen machtlos ausgeliefert sind.

Holger hatte eine neue Stelle als Rechtsanwalt in einer Firma angenommen. In der ersten Zeit freute er sich täglich auf die Arbeit, doch allmählich fühlte er sich schon morgens müde und kraftlos. Er war unkonzentriert und machte Leichtsinnsfehler. Ihm fiel auf, dass er häufig nervös war und die Unruhe besonders zunahm, wenn er mit seinem Chef zu tun hatte. Schon ein Blick von diesem genügte, und er fühlte sich schlagartig minderwertig und wäre am liebsten davongelaufen. Zu Beginn des Coachings meinte er: »Mein Chef ist schuld, er ist so autoritär!« Doch schließlich erkannte er, dass er Probleme, die er früher mit seinem Vater gehabt hatte, auf seinen Chef übertrug. Er hatte aufgrund seiner Erfahrung mit seinem Vater den Glaubenssatz entwickelt: »Ich bin nicht gut genug!« Als er diesen verstanden hatte, löste er ihn mit einer spezifischen Technik auf und entwickelte einen neuen Glaubenssatz, der ihm mehr an Möglichkeiten eröffnete. Der neue Satz »Ich bin kompetent und gebe mein Bestes« wurde sinnlich, emotional und körperlich verankert. Nun war er wieder mit seinen Ressourcen verbunden, wurde in seiner Arbeit merklich gelassener, konnte sich wieder besser konzentrieren und fühlte sich in der Zusammenarbeit mit seinem Chef kompetent und wertgeschätzt.

Nicht die Situation ist entscheidend, ob wir unter Druck stehen, sondern unsere Einstellungen und Glaubenssätze dazu. Verändern Sie Ihre Glaubenssätze, und Ihre Welt verändert sich!

Schauen wir uns einige dieser Glaubenssätze genauer an:

»Ich muss hilfsbereit sein.«

Nun ist Hilfsbereitschaft ja etwas sehr Wertvolles, doch wenn jemand hilfsbereit sein MUSS, hat er keine Wahl. Dann fühlt er sich gezwungen, hilfsbereit zu sein, ob Hilfsbereitschaft im Augenblick angemessen ist oder nicht. Zum Beispiel hat eine Angestellte gerade sehr viel zu tun, um ihre Tagesarbeit zu erledigen. Da kommt eine

Kollegin und bittet sie um einen Gefallen. Es geht um eine Zusatzarbeit, die bis zum Abend erledigt sein soll. Sie sagt automatisch zu, obwohl sie weiß, dass sie selbst bereits überlastet ist und mit der Zusatzarbeit Überstunden machen muss.

Der Glaubenssatz verbietet ihr, sich abzugrenzen und auf ihre eigenen Bedürfnisse zu achten. Ein zweiter Glaubenssatz ist unbewusst mit dem ersten verbunden, der die Hilfsbereitschaft untermauert und gegenteiliges Verhalten verunmöglicht. In diesem Fall könnte er »Egoistisch sein ist schlecht!« lauten.

Jeder Glaubenssatz klammert Bereiche des Lebens aus, wirkt dadurch einschränkend und hemmt die persönliche Entwicklung.

»Ich muss stark sein.«

Wer stark sein muss, darf sich keine Schwäche leisten. Er muss kraftvoll, potent und durchsetzungsstark sein. Er hat für alles eine Lösung und übernimmt gerne die Verantwortung. Stark zu sein ist eine wichtige Qualität, doch eine Bürde und Last, wenn man immer stark sein MUSS. Wichtige Qualitäten von ihm werden unterdrückt.

Er darf sich keine Blöße geben, muss die Fassade des Starken aufrechterhalten, blockt alle Schwächen ab. Er darf nicht fragend, zweifelnd, gar hilflos, ohnmächtig oder ängstlich sein. Doch auch das gehört zum Leben.

Häufig projizieren diese Menschen alles Schwache nach außen und bekämpfen dies in anderen. Sie schimpfen über »schwache« Menschen, die wenig Energie haben, die nicht wissen, wie es weitergeht, die keine schnellen Lösungen haben. Dadurch erhöhen sie sich selbst. Sie sind die Helden, alle anderen werten sie tendenziell ab. Dieser Glaubenssatz »Ich muss stark sein« ist demzufolge mit einem zweiten gekoppelt: »Ich darf nicht schwach sein!«

»Ich muss bescheiden sein.«

Wer bescheiden sein muss, muss sich selbst zurücknehmen, muss im Hintergrund bleiben, muss anderen den Vortritt geben. Vor lauter Rücksichtnahme vergisst derjenige schon mal seine eigenen Bedürfnisse, weil er ja damit beschäftigt ist, für andere eine Plattform vorzubereiten, damit die sich im Licht sonnen können. Sie stellen sich selbst hinten an und warten.

Diese Menschen dürfen nicht im Vordergrund oder gar im Mittelpunkt stehen, sie werden manchmal schlichtweg übersehen. Sie werden auch bei Beförderungen übersehen, weil sie ihre Arbeit, ihre Kompetenz nicht gut »verkaufen« können und bescheiden darauf warten, dass ihr Chef erkennt, welch gute Arbeit sie leisten. Das aber ist eine unrealistische Erwartung und eine illusionäre Verkennung der Realität.

Weil Menschen mit diesem Glaubenssatz nicht gelernt haben, sich Gehör zu verschaffen, fallen wichtige Beiträge von ihnen unter den Tisch. Sie dürfen sich auch anderen gegenüber nicht durchsetzen – das hieße ja, sie seien egoistisch! Hier schwingt zu dem Glaubenssatz »Ich muss bescheiden sein« ein zweiter mit: »Ich darf nicht egoistisch sein.«

»Ich muss anderen gefallen.«

Wer anderen gefallen muss, macht sich von deren Wohl und Wehe abhängig. Seine Aufmerksamkeit ist völlig nach außen gerichtet, er hat in vielen Jahren der Übung seismografische Antennen entwickelt, was er tun muss, um die Bedürfnisse der anderen zu ahnen und zu befriedigen. Er ist stets darauf bedacht, andere zu beobachten und so zu reden und zu handeln, wie er glaubt, dass es die anderen von ihm erwarten. Er ist sehr flexibel und kann gut auf andere eingehen, verleugnet jedoch seine eigenen Bedürfnisse. Er bezieht keinen eigenen Standpunkt, hat kein eigenes Profil und ist immer auf der Suche danach, anderen zu gefallen.

»Ich darf nicht auf meine Bedürfnisse achten« könnte hier der zweite Glaubenssatz heißen.

Wenn jemand zum Beispiel den Glaubenssatz »Ich muss bescheiden sein« hat, wurde er als Kind jedes Mal, wenn er bescheiden war, gelobt und anerkannt. Also erwartet er jetzt im Erwachsenenalter immer noch Lob und Anerkennung für sein Verhalten und reagiert enttäuscht, ärgerlich oder beleidigt, wenn die Anerkennung ausbleibt.

Durch seinen Glaubenssatz bleibt er abhängig von der Anerkennung der Außenwelt, weil er immer noch damit rechnet, dass seine Umwelt so reagiert, wie er es als Kind gelernt hat.

Seine Selbstachtung, sein Selbstwertgefühl und sein Selbstvertrauen leiden, weil er dort, wo er aufgrund seiner Glaubenssätze handelt, nicht für sich selbst einstehen kann. Er bleibt dadurch unselbstständig, fühlt eine Leere und glaubt, sie über die Anerkennung von außen füllen zu können. Doch sie ist niemals von außen zu befriedigen.

Glaubenssätze, die uns selbst betreffen, haben folgendes Muster:

Ich muss… z. B. hilfsbereit, bescheiden sein.

Unausgesprochen folgt der Nachsatz ... damit ich geliebt, geachtet und anerkannt werde. Wenn ich nicht so bin, dann werde ich abgelehnt, bin einsam und verlassen.

Kurz: **Ich muss ... sein**, damit ich geliebt oder zumindest anerkannt werde.

So, wie es Glaubenssätze über uns selbst gibt, gibt es Glaubenssätze über andere Menschen.

b) Typische einschränkende Glaubenssätze, die andere Menschen betreffen

- Mein Partner muss mich so behandeln, wie ich das will.
- Mein Kollege muss mich einbeziehen.
- Mein Chef muss sehen, was ich kann.
- Freunde müssen zuverlässig sein.
- Andere müssen freundlich zu mir sein.

Kurz: **Andere müssen ... sein**, damit es mir gut geht!

Was passiert, wenn mein Partner mich nicht so behandelt, wie ich das will? Dann bezeichne ich ihn als egoistisch, gefühllos und habe allen Grund, ihn zu bestrafen, indem ich sauer, wütend oder beleidigt bin. Ich kann mich zurückziehen, trotzig sein oder alternativ mich an ihm rächen. Es gibt vielerlei Möglichkeiten, ihn für seinen Egoismus zu bestrafen!

Was ich natürlich geflissentlich ausklammere, ist die Tatsache, dass ich letztlich erwarte, dass der andere das tut, was ich möchte. Er soll sich doch bitte so verhalten, dass es mir gut geht. Der andere muss sich ändern, damit ich so bleiben kann, wie ich bin! Und das hat ja nichts mit Egoismus zu tun, sondern damit, dass der andere sich weiterentwickelt, oder nicht?

Glaubenssätze, die andere betreffen,

haben folgendes Muster:

Andere müssen sich so verhalten, wie ich es will.

Wenn sie das nicht tun, **dann** sind **sie** ignorant, arrogant, dumm, egoistisch ... und **müssen** von mir bestraft werden.

Es ist zwar angenehm, wenn andere sich so verhalten, wie Sie es gerne hätten, doch jeder verhält sich so, wie er selbst es möchte!

Sie können an diesen Glaubenssätzen leicht erkennen, dass sie einige Vorteile haben, sehen aber auch, wie unrealistisch hoch die damit verknüpften Erwartungen sind und welch großes Enttäuschungs-, Frustrations- und Ärgerpotenzial sie mit sich bringen.

Das Gute ist, dass wir kein dreijähriges Kleinkind mehr sind. Damals waren wir auf die Liebe und das Lob unserer Eltern angewiesen, heute können wir uns selbst anerkennen für das, wer und was wir sind, was wir können und wie wir Dinge tun.

Heute können wir das Phönix-Prinzip anwenden, haben die Chance, uns von der Zwanghaftigkeit alter Glaubenssätze zu lösen und neue, entwicklungsfördernde Glaubenssätze zu entwickeln, die die unseren Denk- und Handlungsspielraum erweitern.

Wie können wir Glaubenssätze entwickeln, die uns mehr an Möglichkeiten bieten?

Neue Glaubenssätze müssen hirngerecht aufgebaut sein und uns mehr an Möglichkeiten eröffnen, als wir bisher hatten.

Hirngerechte Glaubenssätze sind

- kurz
- klar
- konstruktiv und positiv
- selbst kontrollierbar
- einfach und eindeutig
- in Gegenwartsform

Beispiele für konstruktive Glaubenssätze

- Ich erlaube mir, gelassen und schöpferisch zu sein.
- Ich gebe mein Bestes.
- Ich bin liebenswert.
- Ich habe das Recht, mich zu entspannen.

Satzbeginn

- Ich bin ...
- Ich kann ...
- Ich habe ...

Wenn Sie einen besonders hartnäckigen alten Glaubenssatz haben und einen neuen formulieren wollen, dann ist es sinnvoll, ihn »weich« abzufassen. **Muster hierfür sind:**

- Ich erlaube mir ...
- Ich habe das Recht zu ...

Unwirksam sind Formulierungen wie

- Eigentlich möchte ich ja, aber ...
- Ich könnte ab morgen mal versuchen, meine Meinung zu sagen, wenn nichts dazwischenkommt.
- Ich will ... ich möchte ... werden.
- Ich versuche, ... zu tun.

Versuchen Sie nie etwas, entweder Sie tun oder Sie lassen es! Versuchen Sie doch mal, jetzt von dem Stuhl aufzustehen. Geht das?

Wenn Sie etwas versuchen, dann lassen Sie immer eine Hintertür für sich offen und geben nicht alle Energie in das, was Sie tun. Der Gedanke des Scheiterns ist schon mit programmiert.

Übung

Glaubenssatzveränderung

◎ Nehmen Sie Papier und einen Stift zur Hand.

1. *Überlegen Sie sich, ob es in Ihrem Leben Situationen gibt, in denen Sie immer wieder gleich reagieren, zum Beispiel dass Sie an die Decke gehen, enttäuscht, verärgert, beleidigt oder trotzig sind, und schreiben Sie eine der Situationen samt den wiederkehrenden Gefühlen auf.*

2. *Fragen Sie sich: Welche bewertenden Gedanken stecken möglicherweise hinter den Gefühlen?*

3. *Wie könnte ein Glaubenssatz hierfür lauten?*

   Ich muss ....

   Andere müssen ....

4. *Welche Bereiche klammert der Glaubenssatz möglicherweise aus?*

5. *Überlegen Sie, ob dieser Glaubenssatz Sie bei dem unterstützt, was Sie wollen, oder ob und wann er zur Konfliktvermeidung und Beschwichtigung dient.*

6. *Was passiert, wenn Sie den Glaubenssatz weiterhin behalten – in einem Jahr, in fünf Jahren? Was geschieht in der Zeit mit Ihrer Lebendigkeit? Mit Ihrer Flexibilität? Mit Ihrer Kompetenz? Mit Ihrem Selbstvertrauen und Selbstwertgefühl?*

7. *Was könnte bestenfalls passieren, wenn Sie sich von Ihrem Glaubenssatz lösen?*

8. *Was könnte schlimmstenfalls passieren, wenn Sie sich von Ihrem Glaubenssatz lösen?*

9. *Wie hätten Sie »eigentlich« in dieser Situation reagieren wollen?*
10. *Welches neue Verhalten wünschen Sie sich anstelle des alten?*
11. *Was ist das Gegenteil von Ihrem alten Glaubenssatz?*
12. *Wie könnte ein neuer Glaubenssatz, der Ihnen mehr an Möglichkeiten und Flexibilität bietet, lauten?*

   ....

13. *Was wäre, wenn Sie diesen Glaubenssatz tatsächlich hätten?*
14. *In welcher Situation hatten Sie dieses Verhalten schon einmal?*
15. *Welche Fähigkeiten würden Sie erweitern, weil Sie diesen neuen Glaubenssatz haben?*
16. *Wie würden sich Ihr Selbstvertrauen und Ihr Selbstwertgefühl dadurch verändern?*
17. *Was würden Sie über sich denken, wie fühlen Sie sich, wenn Sie diesen Glaubenssatz leben?*
18. *Bei welcher konkreten Situation wenden Sie ihn an?*

Im NLP gibt es zahlreiche wirkungsvolle Techniken, unproduktive einschränkende Glaubenssätze aufzulösen und durch konstruktive Alternativen zu ersetzen.

Unterstützung durch Bachblüten

Honeysuckle, Rock Rose, Rock Water,
Aspen zur Auflösung von Ängsten

Unterstützung durch Farben

Gelb und Gelbgrün

13

Wie finde ich zur richtigen Lebenseinstellung?

Wer den Gedanken an Dauer loslässt,
erkennt die Wahrheit des Wandels.
G. P.

»Du musst das akzeptieren!« »Akzeptier doch einfach, dass …«

Wenn das Akzeptieren so einfach wäre, dann würden wir manchmal leichter leben. Wir wären gelassener, könnten uns innerlich mit einer vergangenen Situation versöhnen, sie abschließen und wären offener für neue Möglichkeiten.

Was hindert uns daran, Dinge zu akzeptieren? Und – wieso ist Akzeptanz so wichtig?

- Eine Ehefrau ist immer noch wütend auf ihren Exmann, weil er vor sieben Jahren ein Verhältnis mit einer anderen Frau hatte.
- In einer Firma wurde umstrukturiert. Ein Mitarbeiter bekam dadurch eine neue Aufgabe. Und obwohl die Umstrukturierung nun schon zwei Jahre her ist, jammert er den alten Aufgaben hinterher.
- Ein Profifußballer hat es sich nicht verziehen, dass er als Stürmer vor zwei Monaten ein fast sicheres Tor vergeigte. Er ärgert sich immer noch darüber, will es nun besonders gutmachen und verkrampft sich. Leider trifft er nun gar nicht mehr.

Wenn Sie diese Beispiele lesen, denken Sie vielleicht: »So etwas würde mir nie passieren!«

Stimmt, Sie sind ein anderer Mensch, mit anderen Zielen, Werten, Einstellungen, Bedürfnissen. Dennoch kann es sein, dass Sie sich zum Beispiel manchmal tagelang über eine verpasste Gelegenheit ärgern, dass Sie eine Eigenschaft von sich nicht mögen oder mit Ihrer Figur unzufrieden sind. Es kann sein, dass Sie an Ihrem Partner herumnörgeln. Und weil er partout nicht Ihren Erwartungen entspricht, bewerten Sie ihn als eigensinnig, arrogant oder schlichtweg blöd UND reagieren zynisch, ironisch, sauer, kritisieren ihn, sind beleidigt oder machen ihm Vorwürfe … je nach Situation und persönlichen Vorlieben.

Eine junge Patentanwältin, Maria Fricke, hatte einen neuen Kollegen bekommen. Ihrer Meinung nach war er rechthaberisch und ignorant. Sie fand ihn schrecklich unsympathisch und wollte unbedingt, dass er freundlicher, entgegenkommender, wertschätzender mit ihr umging und ihre Kompetenz anerkannte. Sie verglich sich ständig mit ihm und kam dabei recht schlecht weg. Wann immer sie konnte, lieferte sie ihm Widerworte, damit er doch endlich sehen sollte, wie gut sie war. Darauf ging er jedoch nicht ein. Das beeinträchtigte ihr Selbstbild von einer erfolgreichen Frau, die wusste, was sie wollte. Während sie mir die Situation erklärte, wirkte ihre Stimme verärgert.

Sie erkannte zu dem Zeitpunkt noch nicht, dass sie ihre ganze Aufmerksamkeit auf ihn lenkte, ihn innerlich bekämpfte und litt. Auf meine Fragen hin nahm sie wahr, dass sie sich von ihm übersehen fühlte und Angst davor hatte, ihm Grenzen zu setzen. Nach und nach spürte sie, wie sehr sie verletzt war, und ließ ihren Schmerz zu. Sie erinnerte sich daran, dass sie als Kind unbedingt von ihrem Vater wahrgenommen und gelobt werden wollte. Dieser Schmerz kam wieder hoch, sodass wir jetzt die Situation von damals für sie befriedigend lösen konnten, wobei die körperliche Erleichterung deutlich sichtbar war. Sie setzte sich aufrecht hin, lächelte und atmete tief aus. Sie war sichtlich erfreut. »Jetzt fühle ich mich wesentlich besser.« Sie hatte inneren Abstand zur alten Situation gewonnen, ihre schmerzlichen Gefühle angenommen und erkannt, welchen Anteil sie an der Situation gehabt hatte. Sie entspannte sich zunehmend, entdeckte, dass sie in einem alten Muster gefangen gewesen war und dies auf ihren Kollegen übertragen hatte. »Jetzt kann ich mich selber anerkennen«, meinte sie glücklich. Sie war wieder mit sich selbst verbunden, gegenwärtig und entwickelte auf dieser Grundlage neue Denk- und Handlungsalternativen.

Sie lernte, sich innerlich abzugrenzen, konstruktiv Feedback zu geben und sich für ihre Interessen gut einzusetzen.

Nach ein paar Wochen stellte sie erstaunt fest, wie sehr sich ihr Kollege zu seinem Vorteil verändert hatte!

Akzeptanz ist der Beginn eines natürlichen Entwicklungsprozesses und die Basis für proaktive Veränderung. Deshalb ist genaues Wahrnehmen und Akzeptieren der vielerlei Facetten einer Situation so lohnend!

Akzeptanz kommt vom lateinischen »accipere«, annehmen.

Es bedeutet das Annehmen einer Situation, einer Befindlichkeit, des persönlichen Erlebens – egal, ob es einem gefällt oder nicht – nach dem Motto »Was ist, das ist«.

Akzeptanz ist für viele Menschen ungewohnt und daher eine Herausforderung. Sie verbinden Akzeptanz mit Schwäche, oft mit Resignation und glauben, man würde dann gar nicht mehr handeln und alles widerstandslos hinnehmen! Das stimmt nicht!

Wir leben in einer Gesellschaft, die sehr aktiv ist. Die meisten Menschen sind es gewohnt, in der Situation, die ihnen nicht gefällt, sofort aktiv einzugreifen und Probleme umgehend zu lösen. In vielen Situationen ist das notwendig und hilfreich, wenn man auf die angelernten Routinen zurückgreifen kann. Die positive Absicht einer sofortigen Reaktion ist immer, dass wir die Situation zu unseren Gunsten ändern, die Kontrolle wiedererlangen und Probleme lösen wollen.

Doch wenn es automatisch-reflexhaft und zwanghaft geschieht, dann übertragen wir alte Vorstellungen auf die gegenwärtige Situation, nehmen Situationen selektiv wahr und kämpfen gegen etwas, was der Realität nicht entspricht. Letztlich kämpfen wir gegen unsere Vorstellungen und erkennen nicht, dass die Lage heute eine völlig andere ist und dass wir jetzt viel mehr Chancen zu handeln haben. Das ist dann so, als ob man trotzig am Flussufer mit den Füßen aufstampft und vom Fluss fordert, er solle jetzt stromaufwärts fließen. Er wird es nicht tun, egal ob wir schimpfen, schreien, kämpfen oder uns beleidigt zurückziehen! Die Realität ist größer als unsere Vorstellungen, Erwartungen, Wünsche, Bedürfnisse.

Worum geht es also beim Akzeptieren genau?

Sie nehmen eine äußere Situation und Ihre inneren Befindlichkeiten umfassend wahr, ohne sie zu beschönigen, ohne sie zu bewerten oder auf sie zu reagieren.

Auf der Basis von Akzeptanz können Sie eine Situation von allen Seiten ohne Vorurteile beleuchten und erkennen, was wirklich ist. Daraufhin können Sie bewusst entscheiden, was zu tun ist, und engagiert handeln.

Im Annehmen geschieht etwas sehr Wertvolles – in der Hingabe an den Augenblick öffnen Sie sich der Wahrheit, die Wahrnehmung erweitert sich. Sie bekommen inneren Abstand zur Situation und zu den damit verbundenen Gefühlen und entspannen sich. Alte Fesseln der Vergangenheit lösen sich, der Nebel der Einsamkeit und des Dramas lichtet sich, es entstehen mehr Raum und eine innere Weite.

Ihr Denken wird flexibler, Sie fühlen sich wohl und erleichtert und können wie Phönix aus der Asche mit neuer Energie neue Ziele setzen und neue Wege gehen.

Die tatsächliche Erlösung findet statt, wenn Sie bereit sind, den ganzen Schmerz, die Angst und all die unangenehmen Gefühle, die mit der Situation verbunden waren, zutiefst zu spüren und nicht wertend wahr- und anzunehmen. Sie spüren dabei ein belebendes Kribbeln im Körper – Ihre Energie fließt wieder. Sie fühlen sich lebendig, klar und wach, präsent und sind mit sich im Reinen. Welche Wohltat! Welche Erholung!

Akzeptieren geschieht, wenn Sie ganz bewusst wahrnehmen und spüren, wie Sie die gegebene Realität auf die eine oder andere Weise ablehnen, wie Sie gegen sich und andere kämpfen, sich und andere verurteilen, kritisieren und leiden.

Sie können dann die negativen Auswirkungen der inneren Widerstände und Kämpfe erkennen, denn mechanischer Widerstand und Kampf führen unweigerlich zur Einschränkungen in Wahrnehmung und Blickfeld, Sie werden stur und unflexibel ... Ihre Lebensqualität, Ihre Beziehungen, Ihre berufliche Situation leiden darunter.

Doch natürlich haben Sie die Freiheit, gegen das, was ist, zu kämpfen, zum Beispiel: »Ich will jetzt nicht aufgeregt sein!« Sie wissen wahrscheinlich selbst, dass es nicht klappt, denn durch Ihre Aufmerksamkeit auf das Aufgeregtsein verstärken Sie das Aufgeregtsein! Lassen Sie dagegen das Aufgeregtsein zu, nehmen Sie Ihre Anspannung, Ihren Atem, das Herzklopfen direkt und klar wahr, ohne etwas zu beurteilen oder verändern zu wollen – dann kann das zur Entspannung, Erleichterung und Akzeptanz der augenblicklichen Realität führen.

Widerstand gegen die Wirklichkeit ist immer eine Ablehnung der Gegenwart und führt zu Druck, Verspannung und Stress. Im Stress können Sie nicht mehr an Ihre ureigenen innewohnenden Ressourcen andocken.

Dennoch ist es Ihre Wahl, Widerstand zu leisten, zu kämpfen und sich zu verspannen oder aber gelassen und in Ihrer Kraft zu bleiben.

Wenn Sie sagen: »Ich kann mich nicht entspannen«, woher wissen Sie das? Und woran genau könnten Sie erkennen, dass Sie sich entspannen? Wie würde sich das anfühlen und woran würden Sie das spüren?

Natürlich ist es absolut in Ordnung, wenn Widerstand und Kampf da sind. Heißen Sie den Kampf willkommen und nehmen Sie genau wahr, wie Ihr Körper reagiert, welche Gefühle Sie dabei haben, was Sie dabei denken.

Durch Zulassen aller Gedanken und Gefühle freunden Sie sich auch mit Situationen an, die schmerzhaft sind: Sie lernen, reifen daran und können sich fragen, welchen tieferen Sinn die Situation für Sie hat.

Durch Akzeptieren ändert sich alles – innerer Frieden entfaltet sich und führt zu mehr Harmonie, Freundlichkeit, Mitgefühl, Vertrauen – auch dann, wenn nicht immer alles so klappt, wie Sie es ursprünglich wollten. Sie können leichter verzeihen und manche Situationen, die Sie vorher auf die Palme gebracht haben, humorvoll mit Abstand betrachten! Sie werden innerlich stabiler und können die frei werdende Energie, die Sie bislang in die Unterdrückung der Gefühle gesteckt hatten, für sich nutzen – für die anstehenden Aufgaben und Erfordernisse, für etwas, was Ihnen guttut. Das Phönix-Prinzip hilft Ihnen, vom Kampf in die Akzeptanz zu kommen und Ihrem Leben eine neue Perspektive zu geben.

Wer die Wahrheit ablehnt und sie bekämpft, leidet.
Wer die Wahrheit akzeptiert, ist frei.

- Sie können das, was Sie bisher abgelehnt haben, annehmen.
- Sie können Ja sagen zu Widerstand und Blockaden.
- Sie können Ja zu Ihrem Nein sagen,
- Sie können auch Nein zu Ihrem Nein sagen.
- Sie können Ja zu Ihren Ängsten, Ihren Sorgen, Ihrer Freude sagen.
- Sie können auch Ja zu Ihren Kompetenzen, Ihrer Größe sagen.

Übung

- *Wann immer Sie leiden oder kämpfen, haben Sie die Chance, zu erkennen, welche Erwartung oder welche Kränkung, welcher Schmerz sich gerade vor die Wahrheit geschoben hat. Sie können sich Zeit nehmen, all dies vollkommen zuzulassen, zu erfahren und zu akzeptieren, ob es Ihnen gefällt oder nicht. Erlauben Sie sich, gerade das anzunehmen, was Ihnen nicht gefällt, was Sie nicht mögen, wogegen Sie bis jetzt gekämpft haben – und nehmen Sie wahr, was sich dadurch verändert!*

- *Wenn Sie wütend sind – nehmen Sie die Wut an. Sie gehört zum Leben.*

- *Wenn Sie traurig sind – akzeptieren Sie die Traurigkeit. Auch sie gehört zum Leben.*

- *Wenn Sie hilflos sind – akzeptieren Sie die Hilflosigkeit. Auch sie gehört dazu.*

- *Wenn Sie ängstlich sind – nehmen Sie die Angst zutiefst wahr, ohne sie verändern zu wollen.*

- *Wenn Ihnen eine Situation zuwiderläuft, betrachten Sie diese nicht wertend von allen Seiten. Beobachten Sie dabei Ihre Gedanken und Gefühle und sagen Sie Ja dazu, dass es im Augenblick so ist.*
- *Heißen Sie jedes Gefühl willkommen, spüren Sie es und nehmen Sie es vollkommen an.*
- *Sobald Sie das Unannehmbare angenommen haben, entfaltet sich innerer Frieden.*

Akzeptanz anderer Menschen

»Mein Chef nervt mich, weil ...«

»Meine Kollegin ist so egoistisch!«

Wann immer Sie einen Menschen treffen, von dem Sie sich genervt fühlen oder der Ihnen unsympathisch ist, dann in aller Regel deshalb, weil Sie bestimmte Eigenschaften an ihm nicht akzeptieren. Tatsache ist, dass er so handelt und so ist, weil er es gelernt hat. Er denkt und handelt auf seine Weise, wie er es will, und nicht gemäß Ihren Erwartungen und Wunschvorstellungen. Wozu auch? Er hat das Recht, so zu denken und zu handeln, wie er will – genau wie Sie auch. Durch einen Menschen, der Ihnen unsympathisch erscheint, haben Sie die Chance, etwas über sich selbst zu erfahren – wenn Sie das mögen. Schauen Sie genau hin, welche Eigenschaften von ihm Sie ablehnen. Vielleicht hat er ja eine Eigenschaft, die Sie auch haben, aber bei sich noch nicht erkennen – daher bekämpfen Sie diese bei ihm. Oder Sie sind neidisch auf ihn, weil er Dinge tut, die Sie auch gerne täten, sich selbst aber noch nicht zutrauen.

In einem Führungsjahrestraining ärgerte sich eine Teilnehmerin sehr über einen Mann, der verbissen, ehrgeizig, schnell und daher recht ungeduldig mit sich und anderen war, bis sie erkannte, dass sie genau diese Eigenschaften auch hatte. Als sie diese bei sich mehr und mehr akzeptieren konnte, reagierte sie bei ihm verständnis- und humorvoll und ging auch milder und liebevoller mit sich selbst um.

Schauen Sie einen Menschen, der Ihnen unsympathisch ist oder Sie nervt, genau an – so können Sie eine Menge über Ihre eigenen Urteile, Vorstellungen und Erwartungen lernen.

Jeder Mensch ist einzigartig, denkt, fühlt und handelt auf seine eigene Weise. Erlauben Sie sich zu akzeptieren, dass andere Menschen anders sind als Sie. Es gibt immer jemand, der intelligenter oder weniger intelligent ist als Sie. Es gibt immer jemand, der schneller, erfolgreicher, spiritueller, schöner ist als Sie.

Und es gibt immer Leute, die gerissener, fauler, rechthaberischer sind als Sie. Der Verstand schwankt gerne zwischen Begehren, Nacheifern und Ablehnen. In allen drei Fällen bleiben Sie in Ihren alten Konditionierungen stecken und sehen die Menschen durch Ihre subjektiv gefärbte Brille, mit Ihren subjektiven Einstellungen und Vorurteilen, wie Menschen Ihrer Meinung nach zu sein haben!

Wenn zum Beispiel ein Chef glaubt, ein bestimmter Mitarbeiter sei wenig innovativ, dann kann dieser mit der besten, originellsten Idee ankommen, der Chef wird dies nicht wahrnehmen!

Wann immer Sie einen anderen Menschen nicht akzeptieren, akzeptieren Sie etwas in sich selbst nicht. Sie können dem anderen dankbar sein, er weist Sie auf Ihre Lernmöglichkeiten hin. Ob Sie diese annehmen oder ablehnen, ist Ihre Wahl.

Auf der Basis von Akzeptanz können klare, ehrliche, offene, fruchtbare Gespräche stattfinden, die beide Seiten weiterbringen und zu größerem Vertrauen, zu mehr Verständnis und Nähe führen. Konflikte können konstruktiv gelöst, innovative und kreative Ideen entwickelt und gemeinsame Ziele leichter erreicht werden.

Übung

- *Gibt es in Ihrer Umgebung einen Menschen, an dem Ihnen etwas missfällt? Zum Beispiel an Ihrem Partner/Kollegen/Chef? Schreiben Sie das auf.*

- *Die Antworten können Ihnen zeigen, woran Sie leiden oder wogegen Sie möglicherweise kämpfen. Erlauben Sie sich, alle Gefühle, die damit verbunden sind, Kränkungen, Schmerz, Wut, wahrzunehmen, aber auch alle Gedanken, und seien sie noch so unfein und grob. Gestatten Sie es sich, dazu innerlich »Ja, so ist es jetzt« zu sagen – nicht wertend, nicht urteilend.*

- *Dann lenken Sie Ihre Aufmerksamkeit auf sich selbst und fragen Sie: »Was hätte ich gerne von diesem Menschen?« Nehmen Sie wieder alle damit verbundenen Gedanken und Gefühle wahr; spüren Sie, wie sich Ihr Körper anfühlt ... und sagen Sie: »Ja, so ist es jetzt.« Wie erleichternd es sein kann, das alles zu akzeptieren! Und fragen Sie sich auch: »Muss der andere mir das geben, was ich will und wie ich es will?«*

Der andere muss Ihnen nämlich nicht das geben, was Sie wollen. Er gibt Ihnen das, was er kann und will, genau wie Sie. Sie geben ihm auch das, was Sie ihm geben können und wollen. Sie können daran lernen, dass es völlig in Ordnung ist, wenn Ihre Bedürfnisse nicht immer befriedigt werden, obwohl es natürlich angenehm ist, wenn das der Fall ist.

Akzeptanz ist die Basis
für konstruktive Veränderung.

Akzeptanz von tief greifenden Veränderungen

Die Suche nach Sinn ist in ihrem Kern
die Suche nach Wahrheit und Liebe in DIR.
G. P.

Jeder Mensch erlebt früher oder später tief greifende, einschneidende Veränderungen, zum Beispiel eine schwere Krankheit, Operationen, Unfälle, eine überraschende Kündigung, eine Scheidung, eine unfreiwillige Trennung, den Tod eines geliebten Menschen – keiner bleibt davon verschont. Theoretisch wissen wir das zwar, doch wenn es dann tatsächlich passiert, ist es ein derart immenser Einbruch in den vertrauten Alltag, dass wir es nicht von einem Tag zum anderen verarbeiten können. Dies ist ein länger dauernder Prozess, denn unser ganzes Selbstverständnis, Selbstwertgefühl und Vertrauen, unser persönlicher Lebenssinn ist zutiefst erschüttert. Von einem Augenblick zum anderen ist alles anders.

Das gleicht einem Weltuntergang, stürzt den Menschen in eine tiefe Not, und man hat das Gefühl, als würde die Sonne nie mehr aufgehen!

Je zentraler eine Veränderung den Menschen betrifft, desto größer die Wunde – und die kann nur von innen heraus heilen. Das Gute ist, zu wissen, dass in jedem Menschen ein enormes Heilungspotenzial steckt, um selbst aus den größten Verlusten gestärkt und gereift hervorgehen zu können.

Zeiten der Trauer gehören zu den bewegendsten Phasen im Leben eines Menschen. Gerade in diesen Zeiten kommen wir mit wesentlichen Gefühlen des Lebens in Berührung und erfahren eine nie geahnte Tiefe. Wir trauern, weil wir jemanden oder etwas geliebt und unwiederbringlich verloren haben. Das ist doch auch traurig!

Und es ist wichtig, diesen Prozess aufzuschreiben, denn wenn Sie ihn kennen, können Sie noch mehr Verständnis und Mitgefühl für sich und andere Menschen, die in einer ähnlichen Lage sind, entwickeln.

»War denn mein ganzer Einsatz all die Jahre umsonst gewesen? Ich hänge sehr an dem, was ich mache, und liebe meinen Beruf«, sagte Michael Huber. Ihm war nach 22-jähriger Betriebszugehörigkeit vor einem halben Jahr betriebsbedingt gekündigt worden. Er konnte das nicht glauben. »Ich habe immer einen guten Job gemacht, da kann mir der neue Chef doch nicht einfach kündigen.« Er verstand die Welt nicht mehr, alles, was er bisher gemacht, wofür er sich ein halbes Leben eingesetzt hatte, war infrage gestellt. Er zweifelte an sich selbst, an der Firma, das Leben schien ihm sinnlos und leer. Sein Selbstbild war zutiefst erschüttert.

Herr Huber hatte viele Umstrukturierungen in seiner Firma erlebt und mit allem gerechnet, nur nicht mit der Kündigung. Seither war er sehr nervös, gereizt, weinte immer wieder und hatte panische Angst davor, mit 48 Jahren keine adäquate berufliche Aufgabe mehr zu finden. Sein Privatleben litt zunehmend darunter, er zog sich zurück, wollte mit niemandem reden, seufzte immer wieder tief und verbot sich jegliche Freude nach dem Motto »Ich darf erst wieder lachen, wenn ich einen neuen Job habe«.

Er war niedergeschlagen und lustlos. Er verurteilte sich selbst dafür, dass ihm gekündigt wurde, warf dem neuen Chef Inkompetenz vor, drehte sich gedanklich im Kreis und suchte verzweifelt nach einem Ausweg. Natürlich ist es erst einmal ein Schock, wenn nach all den Jahren der Loyalität und des Einsatzes die unerwartete Kündigung kommt.

Es gibt gewisse Abfolgen, auf welche Weise einschneidende Veränderungen emotional verarbeitet werden können. Diese Abfolgen und Phasen gehen auf die berühmte Sterbeforscherin Elisabeth Kübler-Ross zurück. Durch das Verstehen dieser Phasen entwickeln Sie mehr Mitgefühl mit sich und anderen, Sie wissen, dass bestimmte Gefühle, Gedanken und körperliche Reaktionen zum Verarbeitungsprozess gehören.

Emotionale Verarbeitung von einschneidenden Ereignissen

1. Phase: Schock, Nicht-wahrhaben-Wollen

Wann immer Sie mit einschneidenden und unliebsamen Veränderungen konfrontiert werden, sind Sie zunächst geschockt. Von einer Minute zur anderen ist alles anders. Sie werden aus Ihren vertrauten Gewohnheiten gerissen und wissen nicht, wie es weitergeht.

Man versteht die Welt nicht mehr, kann es nicht glauben und fühlt sich zuerst wie gelähmt, betäubt, leer und starr und sagt: »Das kann nicht sein, das darf nicht sein, das ist jetzt nicht wahr!«

Man hört alles wie aus weiter Ferne und ist zu keiner wohldurchdachten rationalen Reaktion fähig.

Man spürt den Körper nicht oder kaum mehr und erlebt sich so, als würde man neben sich stehen.

Man funktioniert nur noch und hofft, aus diesem schlechten Traum aufzuwachen.

Und doch ist es wahr.

Diese Reaktion ist absolut normal und hat mit uralten biologischen Mechanismen der Dissoziation zu tun.

Bei einem bedrohlichen Ereignis will man entweder kämpfen oder fliehen – und wenn beides nicht geht, »friert« der Körper ein, stellt sich tot, damit die Bedrohung ertragen werden kann.

Schock ist eine normale, gesunde Reaktion auf eine überwältigende Erfahrung.

2. Phase: Emotionen brechen auf

Wenn sich allmählich der Schock löst, kommen Ängste, Reizbarkeit, Atemnot oder Schlafstörungen zum Vorschein. Man erlebt alle möglichen Gefühle – ist verärgert, wütend, traurig, hilflos, hat Schuldgefühle nach dem Motto »Wenn ich mich anders verhalten hätte, wäre das nicht passiert!«. Man spürt einen immensen Schmerz, klagt vermeintlich Schuldige an oder idealisiert die frühere Zeit. Man zweifelt am Sinn des Daseins, ist lustlos, hat wenig Interesse an der Außenwelt, zieht sich zurück, kann depressiv oder aggressiv werden oder plötzliche Tränen nicht zurückhalten.

3. Phase: Sich innerlich trennen, Abschied

Allmählich wird klar – das Alte ist unwiederbringlich und endgültig vorbei. Es gibt definitiv kein Zurück mehr. Darüber ist man traurig, fühlt sich einsam, hilflos, verzweifelt und niedergeschlagen, hat wenig Energie für seine täglichen Aufgaben, zieht sich weiter zurück und hält innere Zwiegespräche. Wenn ein geliebter Mensch gestorben ist oder man sich unfreiwillig getrennt hat, dann glaubt man immer wieder, ihn auf der Straße zu sehen, spürt seine Nähe, hört seine Schritte. Das ist normal und gehört dazu.

Trauer ist gut, wenn sie zeigt, dass man sich vom Alten innerlich löst.

Manch einer entwickelt Rituale, um sich vom Alten zu verabschieden. Eine Frau beispielsweise kaufte sich wöchentlich ihre Lieblingsblumen, die ihr früher ihr verstorbener Mann mitgebracht hatte. »Das erinnert mich an das Leben und seine Liebe zu mir.«

Ein Mann, dem überraschend gekündigt worden war, begann alles aufzuschreiben, was er in der Firma gelernt hatte und wofür er dankbar sein konntc.

4. Phase: Akzeptanz und Öffnung

Jetzt kann man sich vom Vergangenen lösen und akzeptieren, dass es so ist, wie es ist.

Man beginnt, sich auf sich selbst zu besinnen, auf die eigenen Wünsche und Bedürfnisse und entwickelt die Bereitschaft, Neues ins Leben hereinzulassen, öffnet sich für neue Möglichkeiten. Körperliche Reaktionen normalisieren sich, man wird innerlich wieder ruhiger, kann gut schlafen, entwickelt gesunden Appetit, freut sich zunehmend wieder.

Das Leben bekommt neuen Sinn, das Selbstvertrauen steigt, man ist dankbar für das Gute der vergangenen Zeit. Doch ist man noch anfällig für Rückfälle.

Wenn das Meer der Tränen trocknet, wird das Leben wieder bunt.

5. Phase: Wohlbefinden und Selbstvertrauen

Erst jetzt ist das tief greifende Ereignis verarbeitet und gehört als Teil des Lebens dazu. Neue Ziele, Interessen und Fähigkeiten werden entwickelt. Man identifiziert sich jetzt mit der neuen Rolle und geht die ungewohnten Aufgaben beherzt und mutig an. Man ist ausgesöhnt mit seiner Vergangenheit, fühlt sich wieder stabil und ist dankbar für das, was war, und ist frei, sich aktiv dem Leben zuzuwenden und es bewusst zu gestalten.

Die Sonne ist wieder aufgegangen, und man weiß, dass auch Nächte zum Leben gehören, man weiß, dass nach der dunkelsten Nacht ein strahlender neuer Tag beginnt.

Das Rad des Lebens

Die Geheimnisse des Lebens und Sterbens
sind das Geheimnis von Vergänglichkeit und Wandel.
Du hörst den Klang der Vergänglichkeit
in jedem Vogelgezwitscher
und spürst ihn bei jedem Abschied.
Der Tod ist eine große Offenbarung,
denn er lehrt uns zu leben.
G. P.

Es gibt wenige Erfahrungen im Leben eines Menschen, die schmerzhafter sind als der Tod eines geliebten Menschen. Die Zeit der Trauer ist eine Zeit des großen Loslassens und der tief greifenden Wandlung und Heilung und eine Zeit, sich mit der eigenen Endlichkeit und der Angst vor dem Tod auseinanderzusetzen.

Durch Trauer können wir uns und die Geheimnisse des Lebens und Sterbens tiefer verstehen und gestärkt daraus hervorgehen. Wir können dadurch sanftmütiger, mitfühlender, gelassener und großherziger werden, können dem Leben mehr vertrauen, manchen Augenblick bewusster genießen und uns des Lebens freuen.

Die Phasen laufen beim einzelnen Menschen natürlich nicht so strikt getrennt ab wie hier geschildert. Und es gibt auch Menschen, welche die Trauer nicht durchleben können. Sie wurden traumatisiert, verharren im Leiden und in der Vergangenheit, können das Geschehene nicht verarbeiten und nicht akzeptieren, denn das Ereignis war so überwältigend, dass es nicht integriert werden konnte. Für diese Menschen kann es eine große Hilfe sein, sich einem Traumaspezialisten anzuvertrauen.

Wir haben täglich dic Möglichkeit, das kleine Loslassen und Akzeptieren bewusst zu üben. Wir können tagtäglich Veränderungen beobachten und daran lernen. Am Beispiel der Natur können wir Tag für Tag den Wandel wahrnehmen.

Wir haben es schon oft erlebt – wie eine Blüte sich morgens öffnet und sich abends wieder schließt oder wie die Sonne aufgeht und abends wieder untergeht. Wir kennen Ebbe und Flut.

Die Natur folgt ihrem eigenen Rhythmus, der eigenen Zeit. Wir erleben den Wandel der Jahreszeiten, erleben Stürme, Gewitter, Hagel. Alles gehört dazu. Nur wir wollen, dass alles von Dauer und beständig ist.

Doch so, wie in der Natur all dies dazugehört, gehören die verschiedenen Jahreszeiten, Stürme, Gewitter und Hagel zum Wachsen und Reifen auch bei uns dazu. Wir können durch die Verbindung mit der Natur natürlicher werden, dankbar sein für alle Jahreszeiten des Lebens und das Leben selbst.

Und wie in der Natur ist es auch bei uns ein ewiger Kreislauf von Werden und Vergehen, von Ausdehnung und Rückzug, von Verwurzelung, Wachstum, Reifung und Loslösung. Das Alte stirbt, damit das Neue hervortreten und wachsen kann, bis auch dieses sich wieder wandelt und einer neuen Form Platz macht.

So kann die Natur unser größter Lehrmeister sein, sie zeigt uns die Wahrheit des Wandels und lehrt uns, im Fluss des Lebens zu schwimmen, bis der Fluss sich in den Ozean ergießt.

Das Phönix-Prinzip ist das Prinzip von Wandel, von Abschied und Neubeginn, von »Stirb und werde«, wie wir es in der Natur täglich sehen.

Wenn wir unsere eigene Sterblichkeit annehmen, so ist das ein wirkungsvolles Mittel gegen unsere Angst. Es hilft uns, die Relationen des Lebens besser zu verstehen und uns selbst nicht mehr ganz so wichtig zu nehmen und den Augenblick mehr zu genießen!

In unserem Training »Der Phönix-Prozess« erleben unsere TrainingsteilnehmerInnen einen Prozess des Wandels am Beispiel ihrer konkreten aktuellen Themen und können dann »wie Phönix« aus der Asche frisch und kraftvoll aufsteigen und zu ihren neuen Ufern aufbrechen.

Kurzfassung

Akzeptanz

- ist eine nicht wertende Wahrnehmung dessen, was sich innen und außen abspielt;
- ermöglicht mehr Offenheit, Klarheit, Weitblick;
- ist besonders hilfreich zur Lösung von Ängsten, Schuldgefühlen, Wut, Selbstkritik, aber auch zur Wertschätzung unserer Stärken und Potenziale;
- durch Akzeptanz versöhnen wir uns mit der Vergangenheit;
- wir sind »bei uns selbst«, gewinnen an Energie, Kraft und innerer Stärke;
- sind gegenwärtig und gehen vertrauensvoll in die Zukunft;
- Sicherheit, Selbstbewusstsein, Standfestigkeit wachsen;
- führt zu umfassenderem Erkennen der Realität, zu besseren Entscheidungen und zu proaktivem Handeln.

Wir können bei kleinen Dingen, die uns bisher aufgeregt haben, Akzeptanz entwickeln und üben, damit wir diesen »Muskel« stärken. Dadurch das wiederholte Erleben aller Phasen gewinnen wir Erfahrungen und wissen, dass wir den Stürmen des Lebens gewachsen sind.

Letztes Jahr saß ich mit einem guten Bekannten im warmen Wintergarten seines Hauses. Wir schauten zum Fenster hinaus in den

Garten auf einen Ahornbaum, an dem ein letztes dunkelrotes Blatt hing. Ein Windstoß kam, das Blatt löste sich, wirbelte durch die Luft, bis es sanft auf dem Boden landete. Da sagte er zu mir: »Wie kommen wir in unserer Gesellschaft eigentlich dazu, zu glauben, dass es immer nur aufwärts geht?«

Bachblüten zur Unterstützung von Akzeptanz

Willow und Rock Rose

14

Wie kann ich mit mir selbst Frieden schliessen?

»Jeder Zustand, ja jeder Augenblick
ist von unendlichem Wert;
denn er ist ein Repräsentant
einer ganzen Ewigkeit.«
Johann Wolfgang von Goethe

»Ich soll Frieden mit mir schließen, womöglich auch noch lieben?«, fragte mich Angelika, eine Trainingsteilnehmerin, entrüstet. »Das ist doch nicht realistisch!« Sofort fielen ihr verschiedenste Eigenschaften und Verhaltensweisen ein, die sie an sich selbst kritisierte. »Ich bin nicht gut genug, kann mich nicht gut durchsetzen, ich weiß nicht immer, was ich will.« Ja – und?

Sie verglich sich häufig mit anderen und schnitt dabei schlechter ab. Sie war ständig in Anspannung und versuchte mit allem Nachdruck, schlaue Sätze von sich zu geben, damit auch der letzte Trainingsteilnehmer ihr bestätigen sollte, dass sie doch »gut genug« war!

Es stimmt, es wird immer Menschen geben, die schlanker sind und sich besser durchsetzen können als wir. Es wird immer Menschen geben, die intelligenter sind, die besser im Sport sind, es wird immer Menschen geben, die wir für dümmer und langweiliger halten.

In dem Augenblick, in dem wir mit dem Vergleichen aufhören und Ja zu uns selbst sagen, geschieht ein Wunder – alte Spannungen schmelzen, wir sind glücklich und dankbar. Die alte Spaltung zwischen dem überhöhten Ideal und der schlecht bewerteten Wirklichkeit hat sich aufgelöst, der innere Konflikt ist verschwunden. Dafür entstehen Freude, Vertrauen, Mitgefühl und Selbstliebe. Wir nehmen uns selbst an, verzeihen uns unsere »Fehler«, schließen mit uns Frieden, anerkennen unseren eigenen Wert als Mensch und bringen ihn zum Ausdruck. Wir begreifen uns als wertvoll, unabhängig von Leistung, Schulbildung und äußerer Anerkennung. Wenn wir uns selbst als wertvoll erkennen, löst sich das Gefühl, sich minderwertig zu fühlen, auf.

Psychische Schmerzen und innere Anspannung gibt es, weil wir an alten Idealen hängen und uns weigern, die Realität anzunehmen. Mit sich selbst Frieden zu schließen setzt die Bereitschaft voraus, ehrlich und aufrichtig gegen sich selbst zu sein – ungeschminkt die eigenen Stärken, Talente, Schwächen, Grenzen, Wünsche, Bedürfnisse, Gefühle, den eigenen Körper wahrzunehmen und dazu Ja zu sagen. Wer alte Ideale ablegen kann, gewinnt automatisch Platz für Neues.

Wenn wir Frieden mit uns schließen, achten und würdigen wir unsere Realität, wir sind gegenwärtig, können uns entspannen. Wir sind frei, uns für Neues zu öffnen und uns aktiv einzubringen. Selbstwertgefühl und Selbstvertrauen sind hoch bzw. wir machen uns keine Gedanken darüber. Wir gehen freundlich mit uns selbst um, stärken uns selbst den Rücken und hören auf, uns zu kritisieren und zu verurteilen. Stattdessen gehen wir mitfühlend mit uns und anderen um, können unsere Macken und Rückschläge annehmen und blicken zuversichtlich nach vorn.

Wir vertiefen unseren Humor und sind zunehmend mit uns selbst im Reinen. Wir können unseren Standpunkt vertreten, gehen aber auch fürsorglich mit uns selbst und anderen um. Wir sind schlichtweg zufrieden, dankbar und fühlen uns wohl in unserer Haut.

Innerer Frieden ist essenziell für ein erfülltes Leben. Wir können uns einlassen auf das, was in und um uns herum ist – ohne Leugnung, ohne Verklärung oder Abwehr, auch wenn es nicht immer angenehm ist. Innerer Frieden ist heilend und stimmt zuversichtlich, sogar dann, wenn die wirtschaftlichen Verhältnisse sich ändern. Wir wissen, dass wir inneren Frieden und persönliches Wohlbefinden erleben können, unabhängig von äußeren Umständen.

Natürlich klingt dies nach einem Idealzustand, doch ist es wohltuend, wenn wir diesen Zustand tatsächlich immer öfter erleben können und wissen, dass dies möglich ist.

Jeder von uns ist an dem Punkt in seiner Entwicklung, an dem er gerade ist. Jeder von uns ist auf seinem Weg und weiß, wie es ist und wie er sich fühlt, wenn er mit sich im Reinen ist, und kann auf dieser Basis bewusst entscheiden, in welche Richtung er weitergehen will. Er kann sich mehr für das entscheiden, was er wirklich will und was ihm guttut, unabhängig davon, ob es gerade trendy ist oder nicht.

- Wie wäre es, sich selbst wertzuschätzen?
- Was wäre, wenn Sie Frieden mit sich schließen?
- Was wäre, wenn Sie sich mit all Ihren Stärken und Schwächen, mit all Ihren Besonderheiten und Eigenheiten jetzt annehmen würden?
- Wie wäre es, wenn Sie sich sogar selbst lieben?
- Was würde sich für Sie dadurch verändern?
- Wie würde innerer Frieden Ihre persönliche Lebensqualität beeinflussen?

Wir lernen in unserer Gesellschaft ja vieles, aber wir lernen selten, uns selbst zu lieben und dankbar für das Geschenk des Lebens zu sein.

Übung

Überlegen Sie sich fünf konkrete Möglichkeiten, wie Sie ab jetzt täglich liebevoller mit sich umgehen und sich Gutes tun können, und setzen Sie dies ab jetzt in die Tat um! Das können kleine Aufmerksamkeiten sein, kleine Gesten, kleine Dinge, mit denen Sie liebevoll für sich sorgen.

Unterstützung durch Bachblüten zur Stärkung des inneren Friedens

Bei Minderwertigkeitsgefühlen: Ceranto
Bei übertriebener Kritik: Chicory
Bei wiederholenden Gedanken: White Chestnut

Unterstützung durch Farben

Türkis

Danke

Ich danke allen, die meine Träume belächelt haben.
Sie haben meine Fantasie beflügelt.

Ich danke allen, die mich in ihr Schema pressen wollten.
Sie haben mich den Wert der Freiheit gelehrt.

Ich danke allen, die mich belogen haben.
Sie haben mir die Kraft der Wahrheit gezeigt.

Ich danke allen, die nicht an mich geglaubt haben.
Sie haben mir zugemutet, Berge zu versetzen.

Ich danke allen, die mich abgeschrieben haben.
Sie haben meinen Mut geweckt.

Ich danke allen, die mich verlassen haben,
Sie haben mir Raum gegeben für Neues.

Ich danke allen, die mich verraten und missbraucht haben.
Sie haben mich wachsam werden lassen.

Ich danke allen, die mich verletzt haben.
Sie haben mich gelehrt, im Schmerz zu wachsen.

Ich danke allen, die meinen Frieden gestört haben.
Sie haben mich stark gemacht, dafür einzutreten.

Ich danke allen, die mich verwirrt haben.
Sie haben mir meinen Standpunkt klargemacht.

Vor allem danke ich all jenen,
die mich lieben, so wie ich bin.
Sie geben mir Kraft zum Leben!
Danke.

Paulo Coelho

15

Wie kann ich Grenzen setzen und mich selbst behaupten?

Wer zu kurz kommt,
ist vermutlich vorher
zu weit gegangen.
Wolfgang Mocker

Vielleicht kennen Sie das – Sie lassen sich in manchen Situationen schnell einschüchtern und geben nach, wenn eine Auseinandersetzung stattfindet oder ein Konflikt droht. Sie wollen die Harmonie um fast jeden Preis aufrechterhalten. Sie sagen Ja, auch wenn Sie viel lieber Nein gesagt hätten, und fühlen sich hilflos und sind hinterher sauer auf sich, weil es Ihnen nicht gelungen ist, sich abzugrenzen.

Wie kommt es, dass wir manchmal so schwer Grenzen setzen können – und wie kann es leichter gehen?

Viele Menschen haben als Kinder immer wieder Grenzverletzungen erlebt, manche Kinder weniger, manche haben traumatische Grenzverletzungen erfahren. Dadurch haben sie möglicherweise gelernt, dass sie nicht vollwertig, nicht gut genug sind, und dass andere Menschen mehr wert sind. Im Vergleich zu anderen fühlen sie sich dann auch als Erwachsene noch minderwertig, da alte Glaubenssätze reaktiviert werden. Und wer sich minderwertig fühlt, hat Angst, seinen eigenen Standpunkt zu vertreten und seine Meinung zu sagen. Er traut sich nicht, sich gegenüber anderen durchzusetzen, weil er befürchtet, dass er dann Zustimmung, Liebe, Anerkennung verliert.

Wurde als Kind die Würde oft verletzt, so hat der Erwachsene in manchen Bereichen wenig Achtung vor sich selbst, behandelt sich selbst würdelos und hat Probleme mit Grenzen.

Wir verletzen in aller Regel die Grenzen anderer unabsichtlich. Weil wir noch nicht gut mit Grenzen umgehen können,

- setzen wir uns entweder über die Grenzen anderer hinweg,
- können uns von anderen nicht abgrenzen und nehmen alles persönlich
- oder grenzen uns strikt ab, halten alle auf Distanz und lassen keine Nähe zu,
- setzen uns selbst keine klaren Grenzen.

Tatsache ist, dass wir alle gleich viel wert sind! Jeder hat seine eigenen Stärken und Schwächen, seine eigenen Probleme und Herausforderungen. Der eine ist erfolgreicher als der andere, der Nächste kann besser reden, der Übernächste besser zuhören. Jeder Mensch ist einzigartig – und gleich viel wert!

Wenn jemand unsere Grenze verletzt, so liegt es an uns, wie wir damit umgehen.

Erst einmal ist es wichtig, dass wir wahrnehmen, dass ein anderer Mensch unsere Grenze verletzt hat. Entweder wir fühlen uns dann gekränkt und ziehen uns verletzt zurück oder wir greifen den anderen überdimensional an und verteidigen unser Revier oder wir flüchten, suchen unser Heil in der Ablenkung.

Die Lernchance bei Grenzverletzungen besteht darin, zu verstehen, warum Sie bisher Schwierigkeiten hatten, adäquat darauf zu antworten. Es geht wieder darum, Ihre Ängste vor Zurückweisung zu verstehen UND zu wissen, dass Sie heute älter als vier Jahre sind. Sie haben das Recht auf eigene Grenzen, das Recht auf Achtung und Würde. Doch dazu ist es wichtig, bei sich selbst zu beginnen und mitfühlend zu erkennen, dass Sie bisher einfach nicht anders handeln konnten, sonst hätten Sie es doch getan! Damals mussten Sie womöglich »alles schlucken« oder wurden nur gehört, wenn Sie sich massiv gewehrt haben. In beiden Fällen wurden Ihre Bedürfnisse nicht wirklich wahrgenommen und geachtet.

Wie wäre es, wenn Sie sich heute liebevoll würdigen würden?

Wenn Sie sich heute den ganzen Tag selbst achten und wertschätzen würden?

Im Gegensatz zu früher können Sie sich heute für Ihre Achtung und Würde einsetzen und Grenzen ziehen. Dabei können Sie sich selbst überraschen lassen und gespannt sein, wie andere Menschen darauf reagieren!

Im Folgenden stellen wir Ihnen Übungen vor, wie Sie anderen Menschen leichter Grenzen setzen können. Daher lohnt es sich, sie alle auszuprobieren und anzuwenden.

Wie können Sie Grenzen setzen?

Übungen

a) *Sie können sich bildhaft-konkret vorstellen, wie um Sie herum ein wunderbarer Schutzkreis ist, sodass Sie sich in ihm völlig sicher und beglückt fühlen. Jeder mögliche Angriff prallt ab, während Sie gelassen bleiben und sich wohlfühlen.*

Nehmen Sie sich ausreichend Zeit, sich dieses Bild vorzustellen, und nehmen Sie dabei wahr, welch gute Gefühle Sie bekommen, weil Sie so geschützt sind, und wie sich Ihr Körper dabei anfühlt.

b) *Sie können mit geschlossenen Augen Ihre ausgestreckten Arme mit den Handflächen nach außen in Superzeitlupe ausbreiten und einen imagi-*

nären Kreis um sich herum ziehen. Stellen Sie sich dabei deutlich vor, dass Sie diesen magischen Schutzkreis um sich herum haben, sodass Sie sich gegenüber der Außenwelt abgrenzen UND zugleich innen viel Platz und Raum haben, in dem Sie sicher und geschützt sind.

Sehen, spüren Sie, wie angenehm es ist, diesen Schutzkreis um sich herum zu haben – führen Sie Ihre ausgestreckten Arme zusammen und breiten Sie diese ganz langsam wieder auseinander, sodass Ihr ganzer Körper deutlich diese Grenzziehung spürt.

***c)** Erinnern Sie sich an eine Situation, in der es Ihnen gut gelungen ist, eine Grenze zu ziehen. Was haben Sie in der Situation gedacht? Was haben Sie gemacht? Wie haben Sie sich gefühlt?*

Was können Sie aus dieser Situation lernen? Wie können Sie das Gelernte auf eine Situation übertragen, in der Sie bisher Schwierigkeiten hatten, eine klare Grenze zu ziehen?

***d)** Sie können auf einer ganz konkreten Kommunikationsebene der anderen Person Feedback geben, wie ihr Verhalten auf Sie gewirkt hat und was Sie sich von ihr in Zukunft wünschen.*

Wichtig für das Feedbackgespräch ist, dass Sie stets von sich selbst sprechen. Damit verdeutlichen Sie, dass es sich um Ihre Meinung, um Ihren Standpunkt handelt, und geben dem anderen die Chance, über sein Verhalten nachzudenken. Es bleibt in jedem Fall ihm überlassen, ob er es ändern will.

Sagen Sie »ich« statt »man«, wenn Sie von sich sprechen. Bitten Sie denjenigen, dem Sie Feedback geben wollen, dass er Ihnen zuhört.

Dieses Gespräch bauen Sie am einfachsten wie folgt auf:

1. Positiver Beginn

Sie beginnen Ihr Feedbackgespräch mit einem positiven Detail. Finden Sie etwas an Ihrem Gegenüber, das Ihnen gut gefallen hat – eine Eigenschaft, ein Verhalten in einer konkreten Situation.

Mit dem positiven Beginn sprechen Sie die Beziehungsseite an. Ihr Gesprächspartner bekommt ein gutes Gefühl, und für Sie ist das ein guter Einstieg.

2. Wahrnehmung

Als Nächstes geht es um die Situation der Grenzverletzung.

Beschreiben Sie die Situation OHNE Wertung. »Ich habe wahrgenommen, dass …« »Ich habe die Situation so erlebt …« und dann folgt Ihre genaue Beschreibung.

3. Wirkung

Sprechen Sie davon, wie die Situation auf Sie gewirkt hat.

Zum Beispiel: »Ich habe mich sehr darüber geärgert.«

4. Wunsch/das eigene Bedürfnis äußern

Jetzt äußern Sie klar und mit Nachdruck, welches Verhalten Sie ab jetzt von demjenigen wünschen.

Zum Beispiel: »Ich bitte dich, dass du …«, und dann benennen Sie Ihren Wunsch.

5. Positiver Abschluss

Nachdem Sie alle Punkte angesprochen haben, geht es um positive Zukunftsaussichten.

Zum Beispiel: »Damit wir auch in Zukunft weiterhin so gut miteinander auskommen.«

Dann danken Sie ihm für das Gespräch. Sie können ihn auch bitten, Ihnen ebenfalls Feedback zu geben, wenn Sie seine Grenze verletzt haben.

Sie können sicher sein, wenn Sie sich mehr und mehr erlauben, Grenzen zu setzen, dass ganz automatisch Ihr Selbstwertgefühl steigt und Sie zunehmend mutiger werden, zu sich selbst zu stehen und klare Grenzen zu ziehen. Durch die Anwendung des Phönix-Prinzips können Sie bei einem Gespräch die innere Trennung, die Sie demjenigen gegenüber, der Ihre Grenzen verletzt hat, empfinden, lösen und eine neue Nähe, eine angenehme Verbindung herstellen und Vertrauen aufbauen.

Weil Sie authentisch handeln, sind Sie mental klar in dem, was Sie wollen, und werden in aller Regel mehr geachtet und wertgeschätzt – nicht zuletzt deshalb, weil Sie sich selbst mehr achten! Und dafür lohnt es sich doch, Grenzen zu ziehen, oder?

Bachblüten zur Unterstützung,
damit Sie leichter Grenzen setzen können

Wild Rose und Walnut zum Schutz,
Olive bei Überforderung

Unterstützende Farben

Gelb, Rosa, Blau

16

Die Macht der Fragen

Wieso regnet es jetzt?
Warum ist es heute so kalt?
Warum kann mein Nachbar
nicht freundlicher sein?
Wie kommen wir dazu,
der Wirklichkeit unseren Willen
aufzwingen zu wollen?
G. P.

»Wieso schaffe ich wieder nicht, Nein zu sagen?«

»Wie schaffe ich es, Nein zu sagen?

Zwei Fragen, die in eine völlig unterschiedliche Richtung zielen.

Fragen beeinflussen maßgeblich die Richtung unseres Denkens und Handelns, sind Treiber für unsere Motivation.

Daher ist es sinnvoll, sich mit beiden zu beschäftigen. Beginnen wir zuerst mit der Macht der Fragen. Generell unterscheiden wir problemorientierte und Kraft spendende, ergebnisorientierte Fragen.

Warum ist es wichtig für uns, diesen Unterschied zu kennen? Weil unser Gehirn – je nach Fragerichtung – passende Antworten und Lösungen sucht.

Problemorientierte Fragen sind:

- Warum passiert das gerade mir?
- Wieso finde ich nicht den passenden Job?
- Warum liebt mich keiner?

- Warum bin ich so hektisch?
- Wieso bin ich so schlecht gelaunt?

Wenn wir problemorientierte Fragen stellen, sucht das Gehirn nach Antworten. Bei der Beantwortung kommt es nicht auf die Wahrheit an, sondern auf eine hinreichende plausible Erklärung und Begründung. Dass es leider, leider so ist, wie es ist, und nicht besser werden kann. Mit solcherlei Fragen verstärken wir Probleme und bestätigen uns, dass es uns aus den genannten Gründen gar nicht besser gehen kann. Selbst wenn wir möglicherweise weg von einer unangenehmen, schmerzvollen Situation wollen, so bekommt doch unser Gehirn durch die Problemorientierung keine neuen Impulse. Es weiß nur, dass es weg von Schmerz will, aber es weiß nicht, in welche Richtung es weitergehen soll. Daher passiert auch nichts Neues.

Wir können uns aber auch Kraft spendende, ergebnisorientierte Fragen stellen wie:

- Wer bin ich wirklich – jenseits aller Etikettierungen?
- An welchem Punkt will ich mich weiterentwickeln?
- Was ist mir wertvoll und wichtig?
- Welche positiven Erinnerungen habe ich, die mir Kraft geben?
- Wie kann ich das Beste aus der Situation machen?
- Was kann ich in der Situation X lernen?
- Was kann ich jetzt für meine Gesundheit tun?
- Wie kann ich heute um 1% meine innere Disziplin erhöhen?
- Was packe ich heute an?

Auch hier sucht unser Gehirn nach Antworten. Die Antworten sind gegenwarts- und zukunftsgerichtet, lenken die Aufmerksamkeit auf konstruktive Qualitäten und Lösungen. Diese Art von Fragen sind motivierend, aufbauend und ermutigend.

Übung

- *Stellen Sie sich ganz bewusst ergebnisorientierte Fragen und achten Sie darauf, wie kreativ Ihr Gehirn neue Lösungen findet!*

Der amerikanische Motivationstrainer Anthony Robbins hat ein Ritual mit Fragen entwickelt, um bestimmte Gefühle zu vertiefen und zu pflegen. Er schlägt vor, dieses Ritual morgens und abends durchzuführen, damit Sie mehr Freude, Dankbarkeit, Motivation und persönliches Engagement im Leben willkommen heißen (aus: »Das Robbins Power Prinzip«, Seite 211).

Die Morgenfragen

1. *Worüber bin ich in diesem Augenblick meines Lebens glücklich? Was genau daran macht mich glücklich?*

2. *Worauf bin ich in diesem Augenblick meines Lebens stolz? Was genau lässt mich stolz sein? Welches Gefühl löst der Gedanke in mir aus?*

3. *Wofür bin ich in diesem Augenblick meines Lebens dankbar? Was genau lässt mich dankbar sein? Welches Gefühl löst der Gedanke in mir aus?*

4. *Was genieße ich in diesem Augenblick meines Lebens am meisten? Was genau genieße ich daran? Welches Gefühl löst dieser Gedanke in mir aus?*

5. *Was in meinem Leben finde ich aufregend und spannend? Was genau finde ich daran spannend? Welches Gefühl löst dieser Gedanke in mir aus?*

6. *Wofür engagiere ich mich in diesem Augenblick meines Lebens? Was genau weckt meine Einsatzbereitschaft?*

7. *Wen liebe ich und von wem werde ich geliebt? Was genau weckt Liebe in mir? Welches Gefühl löst der Gedanke in mir aus?*

Die Abendfragen

1. *Welchen Beitrag habe ich geleistet? Auf welche Weise war ich heute konkret die/der Gebende?*

2. *Was genau habe ich heute dazugelernt?*

3. *Wie hat der heutige Tag meine Lebensqualität konkret erhöht?*

Stellen Sie sich diese Fragen jeden Abend und beantworten Sie sie in aller Ruhe. Dadurch können Sie den Tag noch einmal Revue passieren lassen und nehmen kleine Änderungen und Entwicklungen wahr.

Die Beschäftigung mit diesen Fragen lenkt Ihre Aufmerksamkeit so, dass Sie immer die Gelegenheit erkennen, Ihr Leben aktiv nach Ihren Werten, Visionen und Zielen zu gestalten und erfüllt zu leben.

So, wie Sie gezielt über problemorientierte Fragen zu Kraft spendenden, ergebnisorientierten Fragen gelangen, können Sie sich auch über Fragen gezielt und bewusst motivieren.

Wie Sie sich durch Fragen selbst motivieren

Vielleicht kennen Sie Menschen, die ein bestimmtes Verhalten abstellen wollen. Zum Beispiel wollen sie vor wichtigen Terminen nicht so nervös sein und sagen sich dann: »Warum bin ich so nervös? Ich will nicht so nervös sein!« Andere fragen sich in derselben Situation: »Wie kann ich lernen, gelassener zu bleiben? Welche Möglichkeiten gibt es?«

Motivation ist die Kraft, die uns in Bewegung bringt, um etwas zu tun, etwas zu erreichen oder zu bekommen. Bei der Selbstmotivation kommt die Antriebskraft von innen, und genau darum geht es uns hier. Dabei unterscheidet man zwischen zwei grundlegend unterschiedlichen Motivationen – Weg-von-Motivation und Hin-zu-Motivation.

Weg-von-Motivation

Bei dieser Motivation wollen wir nur weg von einem Zustand, den wir als unangenehm empfinden. Wir wollen weg von Schmerz. Viele Menschen wollen hauptsächlich weg von Schmerz. Das ist evolutionsbiologisch bedingt. Die Aufmerksamkeit war bei unseren Vorfahren stark darauf ausgerichtet, sich auf mögliche Gefahren vorzubereiten und sich dann von Gefahren wegzubewegen.

Daher schauen wir auch heute noch oft auf das, was wir nicht mehr wollen. Das Ziel ist dabei letztlich negativ: »Ich will nicht mehr so leiden.« »Ich will keinen Schmerz mehr.« Dabei orientieren wir uns an der Vergangenheit, blicken rückwärts und wissen dann zwar, wovon wir wegwollen, sehen die Notwendigkeit der Veränderung, aber wissen nicht, in welche Richtung wir uns bewegen wollen. Der Veränderungsdruck ist kurzfristig stark nach dem Motto »Nix wie weg da!«. Aber wohin? Da die Blickrichtung bei der Weg-von-Motivation auf der Vergangenheit liegt, sind die Ergebnisse dieser Motivation höchstens mittelmäßig. Zudem sind Sie unter Druck, weil Sie von etwas wegmüssen.

Hin-zu-Motivation

Ganz anders ist es bei der Hin-zu-Motivation. Hier weiß derjenige, in welche Richtung er sich bewegen will, er will hin zu Freude und gibt dabei dem Gehirn klare Leitlinien vor. Diese Motivation ist langfristig kraftvoller. Hier kommen Sie definitiv in die Handlung. Mit dieser Motivation können Sie aktiv auf Ihre Ziele zusteuern. Sie sind engagiert, freuen sich und tun alles dafür, weil Sie wissen, dass sich der Aufwand lohnt. Es läuft wie von selbst, Sie müssen sich längst nicht so anstrengen wie bei der reinen Weg-von-Motivation. Sie sind erfüllt von dem, was Sie denken und tun.

Um eine starke innere Motivation zu erzeugen, ist für viele Menschen eine Kombination von Weg-von- und Hin-zu-Motivation optimal! Beginnen Sie bei der Weg-von-Motivation.

1. Stellen Sie sich folgende Fragen:

   - Welche negativen Auswirkungen hat es, wenn ich beim Punkt X (benennen Sie ein Verhalten, eine Eigenschaft, einen Glaubenssatz) alles beim Alten lasse?
   - Was passiert langfristig, wenn ich mich an dem Punkt X nicht verändere?
   - Mit welchen Nachteilen muss ich rechnen, wenn ich so bleibe, wie ich jetzt bin?
   - Welchen Preis bezahle ich langfristig, wenn ich mich an dem Punkt nicht weiterentwickle?
   - Wie wirkt sich das auf meine Vitalität, meine Lebensfreude, meine Partnerschaft aus?

   Nehmen Sie dabei Ihre Gedanken, Gefühle UND Ihre Körperempfindungen deutlich wahr. In aller Regel wollen Sie weg von Schmerz. Dadurch erzeugen Sie eine Weg-von-Motivation.

2. Im zweiten Schritt stellen Sie sich die positiven Konsequenzen vor, wenn Sie sich verändern:

- Was passiert, wenn ich mich an dem Punkt X verändere?
- Was gewinne ich dabei langfristig?
- Welche Fähigkeiten und Eigenschaften erweitere ich dabei?
- Wie wirkt sich die Veränderung langfristig auf meine Lebensqualität, auf meine Vitalität, auf meinen beruflichen Erfolg und meine Partnerschaft aus?

Nehmen Sie dabei auch hier Ihre Gedanken, Gefühle UND Ihre Körperempfindungen deutlich wahr und spüren Sie, was sich jetzt gegenüber dem ersten Schritt verändert hat. In aller Regel freuen Sie sich. Dadurch erzeugen Sie eine Hin-zu-Motivation.

Und damit weiß Ihr Gehirn, wovon es wegwill – nämlich von Schmerz –, UND es weiß, in welche Richtung Sie gehen wollen – hin zu Freude.

Perspektivenwechsel – was wäre, wenn ...?

Was wäre, wenn Sie Ihre Sicht der Dinge ändern, die Perspektive wechseln und neue Ideen und Einsichten gewinnen, indem Sie Situationen, Eigenschaften, Verhaltensweisen von sich oder anderen in einem neuen Licht sehen als bisher?

Zum Beispiel haben Sie sich selbst bisher in bestimmten Situationen als »faul« bewertet und sich dadurch leicht abgewertet. Mit einem bewussten Perspektivenwechsel können Sie jetzt eine neue, passendere Interpretation finden, die gut für Sie ist. Vielleicht interpretieren Sie Ihr Verhalten nun auch als Fähigkeit, »sich entspannen zu können«. Was würde sich dadurch ändern?

Was wäre, wenn Sie sich weitgehend Ihre mentalen Vorstellungen, Erwartungen, Bewertungen auf der Basis von Selbstverantwortung aussuchen und diejenigen wählen könnten, die Ihnen guttun, die für Sie unterstützend und förderlich sind?

Sie können sich sogar entschließen, Ihr persönliches Selbstbild zu erweitern und sich auch da für zusätzliche Möglichkeiten zu öffnen.

»Ist das nicht Manipulation?«, können Sie denken. Ja, natürlich ist es Manipulation. Sie manipulieren sich durch Ihre Gedanken doch täglich, stündlich, minütlich, sekündlich.

Die einzige Frage dabei ist, ob Sie Ihr Leben bewusst gestalten, Ihr Potenzial verwirklichen und zufrieden leben wollen oder ob Sie alles beim Alten lassen. Es kann ja sein, dass Sie schon zufrieden sind und so leben, wie Sie gerne leben möchten.

Stellen Sie sich vor:

Was wäre, wenn Sie Ihre gewohnte Brille abnehmen und Dingen eine neue Bedeutung verleihen würden? Was wäre, wenn Sie Dinge auf einmal in einem gänzlich neuen Licht sehen könnten?

Was wäre, wenn Sie Probleme als Lernchancen erkennen?

Was wäre, wenn Angst Sie auf Ihren nächsten Entwicklungsschritt aufmerksam machen und Sie auf Neues vorbereiten will? Was wäre dann anders?

Was wäre, wenn im Herzklopfen schon die Trommeln für den späteren Applaus zu hören sind (nach Thomas Westerhausen)? Was wäre für Sie dann anders?

Was wäre, wenn das Leben ein Geschenk ist, für das wir dankbar sein können? Was wäre für Sie dann anders?

Was wäre, wenn schwere Zeiten in Wahrheit ein Fortschritt im Lernen sind?

Was wäre, wenn Schmutz von Kinderschuhen im Flur ein Zeichen von Lebendigkeit ist? Was wäre für Sie dann anders?

Was wäre, wenn Faulheit die Fähigkeit, abzuschalten und sich zu erholen, bedeutet? Was wäre für Sie dann anders?

Was wäre, wenn Ihre Schwächen in bestimmten Situationen Stärken sind?

Was wäre, wenn schmerzvolle Erfahrungen einen tief greifenden Entwicklungsprozess einleiten?

Was wäre, wenn Trennung die Fähigkeit, allein zu sein, erweitert und die Chance für das Erkennen der eigenen Bedürfnisse mit sich bringt? Was wäre für Sie dann anders?

Was wäre, wenn Sie sich annehmen, genau so, wie Sie sind? Was wäre für Sie dann anders?

Was wäre, wenn ein Fehler ein Feedback ist und Ihnen zeigt, wo Ihre Entwicklungschancen sind? Was wäre für Sie dann anders?

Was wäre, wenn Sie erkennen, dass Sie Ihre Gedanken und Gefühle selbst erschaffen? Was wäre für Sie dann anders?

Was wäre, wenn Sie Ihre Gedanken nur beobachten und nicht bewerten? Was wäre für Sie dann anders?

Was wäre, wenn Sie Ihre Gefühle nur beobachten und nicht bewerten? Was wäre für Sie dann anders?

Was wäre, wenn Sie auch Ihre Körperempfindungen nur beobachten und nicht bewerten?

Was wäre, wenn Sie erkennen, dass Sie viel mehr sind als Ihr Selbstbild und Ihre Rollen, die Sie täglich spielen?

+ Wie viel Energie würden Sie dadurch bekommen?
+ Was würden Sie alles dazulernen?
+ Wie würde sich dadurch Ihr Leben verändern?

Wie »Lernen« funktioniert, soll hier an der Geschichte vom Loch in der Straße von Sogyal Rinpoche illustriert werden. Wie Sie daran erkennen können, braucht das Gehirn Übung, bis es neue Schaltkreise etabliert hat!

Das Loch in der Straße

Kapitel 1

Ich gehe die Straße entlang.
Da ist ein tiefes Loch.
Ich falle hinein.
Ich bin verloren.
Ich bin ohne Hoffnung.
Es ist nicht meine Schuld.
Es dauert endlos, um wieder herauszukommen!

Kapitel 2

Ich gehe dieselbe Straße entlang.
Da ist ein tiefes Loch.
Ich falle wieder hinein.
Ich kann es nicht glauben, ich bin wieder drin!
Aber es ist nicht meine Schuld.
Immer noch dauert es sehr lange, bis ich wieder draußen bin.

Kapitel 3

Ich gehe wieder dieselbe Straße entlang.
Da ist ein tiefes Loch auf dem Gehsteig.
Ich sehe ganz deutlich, dass es da ist.

Ich falle wieder hinein – aus Gewohnheit ...
obwohl meine Augen offen sind und ich es sehe!
Ich weiß, dass ich noch einmal hineingefallen bin.
Und ich weiß, dass ich dafür verantwortlich bin.
Ich komme sofort wieder heraus.

Kapitel 4

Wieder gehe ich die Straße entlang.
Da ist ein tiefes Loch.
Ich gehe darum herum.

Kapitel 5

Ich gehe eine andere Straße.

17

Was ist wirklich wichtig? Entwickeln Sie Ihre wahren Werte

> Wir müssen lernen, die
> materiellen Wunder der Technologie
> mit den spirituellen Bedürfnissen unserer
> menschlichen Natur in Einklang zu bringen.
> John Naisbitt, amerikanischer Prognostiker

Erinnern Sie sich noch daran, als Präsident Obama Präsidentschaftskandidat war und seine Reden hielt? Wie er Mut, Entschlossenheit, Klarheit, Wertschätzung, Ehrlichkeit, Ausdauer, Hingabe und Mitgefühl verkörperte und mit seinem »Yes we can« Millionen von Menschen Hoffnung auf eine bessere Welt machte? Er verkörperte Integrität, Authentizität und Werte, nach denen sich viele Menschen sehnten und heute noch sehnen.

In den letzten Jahren erlebten wir, dass menschliche Werte, die das Zusammenleben von Gesellschaften ja regeln, mit Füßen getreten wurden und dass Geld zum alleinigen Maßstab erhoben wurde. Die Finanz- und Wirtschaftskrise zeigt, dass wir alle aufgefordert sind, unsere eigenen Werte zu überprüfen, ihre Richtigkeit zu hinterfragen und möglicherweise andere Werte in den Vordergrund zu stellen.

Für uns selbst ist es wichtig, dass wir klar wissen, was uns wichtig ist, damit uns unsere inneren Werte die Sicherheit und Orientierung geben, die wir in der Außenwelt nicht bekommen können.

Was sind Werte?

Werte sind das, was für uns wichtig ist. Sie sagen uns, was richtig und falsch ist, was gut und schlecht ist. Sie leiten unsere Aufmerksamkeit jeden Tag und bündeln unsere Energien. Sie spornen uns an, sind hoch motivierend und mit Gefühlen verbunden.

Wir engagieren uns für unsere Werte und setzen uns für sie ein.

Werte bilden das Fundament unseres ganzen Lebensstils. Sie sind für jeden Einzelnen wichtig, aber auch für Mannschaften im Sport, für Unternehmen und ganze Gesellschaften.

Werte bestimmen, wie wir auf jede einzelne Erfahrung, die wir machen, reagieren. Sie sind die Grundlage unserer Entscheidungen, unseres Handelns. Werte sind wie ein Kompass, der uns zeigt, worauf wir uns im Leben konzentrieren. Werte sind hierarchisch angeordnet – sie zeigen uns, was uns sehr wichtig, weniger wichtig oder überhaupt nicht wichtig ist.

Werte sind oft unbewusst, nicht direkt sichtbar, können vom Verhalten her und durch Befragung erschlossen und bewusst gemacht werden.

> Ich hatte einen Manager im Coaching, der in Meetings stets die Schwächeren unterstützte, sich vehement gegen jeden wehrte, der Dinge über seine Region nicht hundertprozentig richtig sagte. Seine Kollegen waren ziemlich genervt, weil er häufig Aussagen korrigierte oder ergänzte und Meetings dadurch unnötig in die Länge zog. Sein höchster Wert war »Gerechtigkeit«. Kein Wunder, dass er sich so verhielt!

Wir wissen nie, in welche Situationen wir im Leben geraten. Unsere Werte dienen uns als Kompass, mit vielerlei Situationen konstruktiv umzugehen. Doch wenn sich die gesellschaftliche wirtschaftliche

Lage ändert, liegt es an uns, unsere Werte aktiv mit zu verändern, damit wir mit neuen Situationen gut zurechtkommen und nicht frustriert alten Zeiten nachhängen nach dem Motto »Früher war alles besser, sogar die Zukunft«.

Wenn wir erfüllt und zufrieden leben wollen, müssen wir wissen, welches unsere wichtigsten Werte sind, damit wir in Übereinstimmung mit ihnen leben können. Es ist dann notwendig, zu erkennen, was in unserem Leben wirklich von Bedeutung ist und worauf wir uns konzentrieren wollen.

Für jeden Menschen sind andere Werte wichtig. Stimmen wir mit anderen Menschen in vielen Werten überein, dann sind sie uns sehr sympathisch, wenn sie jedoch von unseren Werten stark abweichen, bieten sich uns viele Lernchancen!

Beispiel der Wertehierarchie eines Coachingklienten:

1. Wertschätzung
2. Aufrichtigkeit
3. Selbstverantwortung
4. Klarheit
5. Tatkraft
6. Familie
7. Gesundheit
8. Freude

Beispiel für die Werte einer Physiotherapeutin:

1. Liebe
2. Mitgefühl
3. Klarheit
4. Mut
5. Ehrlichkeit
6. Einsatz
7. Entwicklung

Woran erkennen Sie, dass Sie nach Ihren Werten leben? Für jeden Wert gibt es Normen, Regeln, an denen Sie feststellen können, ob Ihr Wert X gerade erfüllt wird.

Beispiel:

Wert: Gesundheit
Regeln: Ich esse jeden Tag mindestens einen Apfel.
Ich trinke täglich mindestens zwei Liter Wasser.
Ich gehe zweimal wöchentlich 30 Minuten joggen.

Übung

Meine wichtigsten Werte

1. Schreiben Sie spontan alles auf, was für Sie in Ihrem Leben wichtig ist, alles, was Ihr Leben lohnenswert und wertvoll macht (zum Beispiel Fotografieren, Frühstücken mit Freunden).

2. Lesen Sie die Liste noch einmal durch, kreuzen Sie Ihre wichtigsten Punkte an und ergänzen Sie dann: Was gibt mir jeder Punkt?
Zum Beispiel: Fotografieren – Freude (Wert)
Zum Beispiel: Frühstücken mit Freunden – Freude, Freundschaft (Werte)

3. Schreiben Sie nun Ihre wichtigsten fünf bis sieben Werte auf ein gesondertes Blatt.

4. Überlegen Sie sich eine Rangfolge und schreiben Sie sie auf. Fragen Sie sich dabei: Was ist mir noch wichtiger als X?

5. Lesen Sie die Liste durch.
Sind das die Werte, die Sie weiterhin leben wollen?
Gibt es einen Wert, den Sie ändern wollen?

6. Nehmen Sie sich jeden einzelnen Wert vor. Es geht nun um die Erfüllungsregeln Ihrer Werte.

Fragen Sie sich: Was muss passieren, damit ich diesen Wert erlebe? Zum Beispiel Gesundheit: Ich mache täglich 15 Minuten lang Atemübungen.

Durch die Erfüllungsregeln wissen Sie genau, wann Sie Ihre Werte mit Leben füllen!

Wenn Sie Ihre wichtigsten Werte und die Regeln dazu kennen, können Sie sich leicht entscheiden und klar handeln. Achten Sie darauf, dass Ihre Werte nicht in einem Konflikt miteinander stehen. Dies ist zum Beispiel der Fall, wenn der oberste Wert »Abenteuer« und der zweite Wert »Sicherheit« ist!

Mit Ihren wichtigsten Werten haben Sie nun eine bewusste Guideline für Ihr Leben.

Hilfreich ist es, wenn Sie jedes Jahr Ihre Werte überprüfen, gegebenenfalls ändern und Topziele festlegen und diese in Scheckkartenformat aufschreiben, sodass Sie immer wieder daran erinnert werden.

Zudem ist es wichtig, wenn Sie Ziele erarbeiten, dass Sie stets auch überprüfen, ob diese im Einklang mit Ihren Werten sind.

Damit Ihre Ziele motivierend sind, laden Sie diese emotional auf und verbinden sie mit Ihren Werten. Fragen Sie sich: Warum ist das Ziel X für mich so wichtig? Welcher Wert wird dabei erfüllt?

Dabei gilt es auch zu überprüfen, ob die Werte mit den Glaubenssätzen in Einklang stehen und daher gelebt werden können oder ob Widersprüche bei den Werten und/oder Glaubenssätzen vorhanden sind, die bearbeitet werden müssen.

Zum Beispiel hat jemand den Wert »Ehrlichkeit«, aber den Glaubenssatz »Du musst dich bescheiden im Hintergrund halten«. Das kann zu innerem Widerspruch und Frustration führen.

Sie können selbstverständlich auch für Teams Werte und Spielregeln dazu erarbeiten, damit auch in einem Team die Aufmerksamkeit ausgerichtet wird und die Energien gebündelt werden. Dazu ein Beispiel von Teamwerten einer Abteilung eines Unternehmens:

1. Verlässlichkeit
2. Respekt/Anerkennung
3. Kooperation
4. Konfliktfähigkeit
5. Verständnis
6. Ehrlichkeit
7. Gelassenheit
8. Offenheit

Regeln für Verlässlichkeit

- Machbare Zusagen einhalten
- Bei Verhinderung rechtzeitige Benachrichtigung
- Nur realistische Zusagen
- Pünktlichkeit
- Berechenbarkeit
- Klarheit über Erwartungshaltung
- Rückendeckung – auch in schwierigen Situationen
- Einhalten von Spielregeln

18

Freudvoller Neubeginn – wirksame Ziele entwickeln

Es ist nie zu spät
für einen glücklichen Neubeginn.
Humberto Maturan

»Ein Leben ohne Ziel ist wie ein Schiff ohne Steuermann«, habe ich einmal gehört und: »Wer kein Ziel hat, kommt irgendwo an.«

Menschen haben ganz unterschiedliche Ziele.

Manche Menschen wollen Karriere machen, andere wünschen sich eine glückliche Partnerschaft, und wieder anderen geht es darum, sich weiterzuentwickeln.

Ziele sind ganz offensichtlich wichtig und begleiten uns unser Leben lang. Dabei unterscheiden wir Ziele für die äußere Welt und Ziele für die innere Entwicklung.

Bei äußeren Zielen fragen wir: Was will ich und wohin will ich?

Äußere Ziele geben einen Fixpunkt in der Zukunft an, den ich erreichen will.

Bei inneren Entwicklungszielen fragen wir: Wie, mit welcher inneren Haltung, mit welchem Bewusstsein gehe ich Dinge an?

Hierbei geht es um die innere Qualität meines Tuns.

Während äußere Ziele in der Ferne liegen, ist das innere Ziel mit dem gegenwärtigen Moment verbunden.

Warum sind Ziele für uns wichtig?

- Ziele geben eine klare Richtung vor, bündeln Energie, Aufmerksamkeit und schaffen Prioritäten.
- Ziele eröffnen uns neue Perspektiven.
- Ziele strukturieren, vereinfachen das Leben.
- Ziele legen den persönlichen Leistungsanspruch fest.
- Ziele haben starken Aufforderungscharakter, sind motivierend und handlungsleitend.
- Ziele geben Kraft und stärken unsere Ausdauer.
- Ziele ermöglichen die eigene Kontrolle.
- Ziele helfen, Maßnahmen für ihre Verwirklichung zu finden.
- Ziele erschaffen durch ihre Verwirklichung neue Wirklichkeiten.
- Ziele helfen uns, das zu erreichen, was für uns wichtig ist.
- Ziele sind sinnstiftend.

Manche Menschen haben klare Ziele, manche lassen Dinge gerne auf sich zukommen, und manche haben große Träume. Diese werden oft als Visionen oder Langzeitziele bezeichnet, stehen in einem größeren Zusammenhang, sind umfassend und betreffen die ganze Person, sind oft gleichbedeutend mit der Lebensaufgabe, zum Beispiel: »Ich führe eine Pension in warmen Gefilden am Meer.«

Sie können auf mehrere konkrete Ziele heruntergebrochen werden und haben dann die Chance, verwirklicht zu werden, gleichgültig, ob es sich um berufliche Ziele oder um Ziele zur Meisterung des Alltags handelt. Und der kann bekanntlich vielerlei Formen haben, je nachdem, in welchem Rahmen Sie leben.

Welche Träume haben Sie, die Sie wirklich wahr machen wollen?

Hirngerecht aufgebaute Ziele

Warum wird manchmal ein Ziel nicht umgesetzt? Warum bleibt es bei den berühmten Silvestervorsätzen, denen keine Taten folgen, obwohl an Silvester schon ein klares Ziel und ernsthafter Veränderungswille vorhanden gewesen sind?

Damit Ziele wirklich motivierend wirken und umgesetzt werden können, müssen sie hirngerecht formuliert werden. Dafür gibt es eine weit verbreitete praktische Formel, die aus dem NLP kommt. Ziele müssen smart formuliert werden.

Ziele smart formulieren

s. = simpel, spezifisch und selbst kontrollierbar

Was wollen Sie genau erreichen?
Ist Ihr Ziel einfach, bildhaft und konkret formuliert?
Liegt das Erreichen des Ziels in Ihrer Hand?
Sind Sie für das Erreichen Ihres Ziels selbst verantwortlich?

m. = machbar und messbar

Woran erkennen Sie genau, dass Sie Ihr Ziel erreicht haben?
Was hat sich gegenüber dem Ausgangspunkt alles verändert?
Haben Sie sich hundertprozentig dafür entschieden?
Welche Stärken und Fähigkeiten haben Sie, die Ihnen helfen, Ihr Ziel zu erreichen und mögliche Hindernisse aus dem Weg zu räumen?
Können Fortschritte und Teilziele festgemacht werden?

a. = als ob jetzt, attraktiv?

Ist das Ziel in der Gegenwart formuliert?
Ist Ihr Ziel für Sie attraktiv?
Was haben Sie davon, wenn Sie Ihr Ziel erreichen?

Wofür ist es wichtig, dass Sie Ihr Ziel erreichen?
Überlegen Sie sich alle (positiven wie negativen) Konsequenzen.
Was müssen Sie für Ihr Ziel aufgeben?
Was gewinnen Sie dabei?
Wollen Sie es wirklich erreichen?
Sind Sie bereit, sich hundertprozentig dafür zu engagieren?

a. = allgemeinverträglich?

Ist das Ziel so, dass letztlich alle Seiten dabei gewinnen?
Unter welchen Bedingungen würden Sie Ihr Vorhaben abbrechen?
Wie passt das Ziel zu Ihren anderen Zielen?
Sind Sie bereit, den Preis für den Aufwand zum Erreichen des Ziels zu bezahlen?

a. = aktive Beteiligung

Welchen Plan, welche konkreten Maßnahmen entwickeln Sie?
Welche konkreten Schritte unternehmen Sie, um Ihr Ziel zu erreichen?
Wann beginnen Sie mit dem ersten Schritt?

r. = realistisch

Liegt Ihr Ziel im Bereich Ihrer Möglichkeiten?
Entspricht das Ziel Ihrem Wissen und Können?
Welche Werte, Fähigkeiten, Verhaltensweisen unterstützen Sie auf Ihrem Weg?
Was können Sie noch nicht, eignen sich aber an, um Ihr Ziel X zu erreichen?

t. = total positiv

Haben Sie Ihr Ziel vollkommen positiv, eindeutig, klar, ohne Negation und ohne Vergleich beschrieben?

t. = Termin

Bis wann haben Sie Ihr Ziel erreicht?

Bei der Zielformulierung ist es wichtig, vollkommen positiv zu sein, damit Sie sich dieses auch bildhaft-konkret vorstellen können. Das Gehirn kann hier nichts mit sprachlichen Verneinungen (zum Beispiel »nicht«, »kein«) anfangen. Machen Sie selbst den Test: Stellen Sie sich bitte keine rote Kuh mit weißen Tupfen vor. Was passiert? Sie stellen sich aller Wahrscheinlichkeit nach zuerst kurz eine rote Kuh mit weißen Tupfen vor.

Beispiel für einen Zielaufbau

a) Langfristiges allgemeines Ziel

Gesund bleiben bis ins hohe Alter

b) Mittelfristige Ziele

Ich esse gesund.
Ich bewege mich mehrmals in der Woche.
Ich beschäftige mich mit dem Zusammenhang von Denken, Fühlen, Handeln und Gesundheit.

c) Smarte Zielformulierungen

Ich informiere mich bis Ende der Woche über den Nährstoffgehalt von Gemüse.
Ich gehe ab jetzt montags und donnerstags um 6.30 Uhr vor der Arbeit 30 Minuten zum Walken.
Ich besorge mir ein Buch zum Thema X und arbeite es bis Ende des Monats durch.

Übung

Ziele schriftlich formulieren

- *Welches langfristige Ziel haben Sie?*
- *Welches aktuelle Ziel haben Sie?*
- *Wie können Sie Ihr wichtigstes aktuelles Ziel smart formulieren?*

Auch bei inneren Zielen ist es notwendig, sie so konkret wie möglich zu formulieren, allerdings ist es da oft schwierig, einen genauen Termin zu nennen.

- *Formulieren Sie Ihre Ziele stets schriftlich, schreiben Sie dazu, warum es für Sie so wichtig ist, diese zu erreichen, und hängen Sie sie gut sichtbar auf. Sie können auch motivierende Bilder aus Zeitschriften dazu ausschneiden, Collagen machen und sie aufhängen. Das wirkt lebendiger, motivierender – zudem gehen Sie mehrmals täglich an Ihrem Zielchart vorbei und erinnern sich an das, was Sie wirklich wollen!*
- *Machen Sie sich eine Karte in Scheckkartenform und schreiben Sie Ihre wichtigsten smarten Ziele auf. Dadurch prägen sich Ihre Ziele noch mehr ein. Das Ziel schriftlich vor sich zu sehen ist ein wesentlicher Schritt zur Gestaltung einer konstruktiven Zukunft.*
- *Schließen Sie außerdem einen Vertrag mit sich ab und unterschreiben Sie ihn mit Datum. Erzählen Sie einer Freundin oder einem guten Freund von Ihrem Ziel und bitten Sie sie, Sie immer wieder daran zu erinnern.*
- *Damit Ziele leichter umgesetzt werden können, ist es sinnvoll, diese zu visualisieren, emotional aufzuladen und körperlich zu verankern. Sie können durch Ihre körperlichen Reaktionen auch spüren, ob das Ziel*

wirklich stimmig und motivierend für Sie ist oder ob Sie es modifizieren müssen.

- *Entwickeln Sie konkrete Maßnahmen und beginnen Sie mit der Umsetzung innerhalb von 72 Stunden! Spätestens! Kommen Sie in die Handlung.*

  Es gibt nichts Gutes, es sei denn, Sie tun es!

Nutzen Sie die Kraft der inneren Bilder

Menschen können sich in Katastrophenfantasien stürzen, sie können aber auch wunderbare Visionen und anspruchsvolle Ziele entwickeln, aus denen sie Entschlossenheit, Klarheit, Motivation schöpfen. Innere Bilder sind ein machtvolles, kraftvolles Instrument, das Sie bei dem unterstützt, was Sie rational ohnehin wollen.

Durch bewusste innere Bilder (Visualisierungen)

- können Sie Ziele jeglicher Art visualisieren,
- können Sie sich auf herausfordernde Situationen vorbereiten und diese mental immer wieder durchspielen,
- können Sie genau die Ressourcen aktivieren, die Sie für anstehende Aufgaben benötigen,
- haben Sie ein schier unerschöpfliches Reservoir an kreativen, innovativen Möglichkeiten und eine Quelle der Freude,
- regen Sie Ihre inneren Heilkräfte an und stärken Ihr Immunsystem,
- können Sie Bewegungsabläufe trainieren und automatisieren.

Die Außendienstmitarbeiterin eines Automobilzulieferers, eine höchst bodenständige Frau, hatte ein herausforderndes Kundengespräch vor sich. Als Ziel hatte sie Sicherheit und innere Stabilität für diese konkrete Situation formuliert. Sie hatte sich gut auf das Gespräch vorbereitet, was ihr schon viel Sicherheit gab. Zudem stellte sie sich vor, dass sie von einem dicken Schutzmantel umhüllt war, der ihr noch mehr Sicherheit bot, sodass mögliche Einwände des Kunden am Mantel abprallten. Sie verankerte dieses stabile Sicherheitsgefühl im Körper, damit sie bei sich und in ihrer Stärke bleiben konnte. Sie fühlte sich kraftvoll, klar und kompetent und freute sich auf dieses Gespräch.

Durch dieses Ziel in Verbindung mit ihren Ressourcen gelang es ihr dann auch, im realen Kontakt mit dem Kunden bei sich zu bleiben, mit ihm auf Augenhöhe zu kommunizieren und das Gespräch erfolgreich abzuschließen.

Ziele können viel leichter erreicht werden, wenn Sie sich diese mit möglichst vielen Sinnen – bildhaft-konkret, farbig, groß, mit Geräuschen, Tönen, Geruch, Geschmack – vorstellen, sie emotional intensiv aufladen und körperlich verankern. Dann haben sie starken Aufforderungscharakter und leiten zielgerichtetes Handeln ein.

Ein Mensch, der sich ernsthaft ein Ziel gesetzt hat,
wird es auch erreichen.

Benjamin Disraeli, Politiker und Schriftsteller

Entspannung mit Zielvisualisierung

- *Nehmen Sie sich Zeit zum Entspannen. Setzen oder legen Sie sich hin, schließen Sie die Augen und nehmen Sie wahr, wie sich Ihr ganzer Körper anfühlt und wie er sich allmählich tiefer und tiefer entspannt. Erlauben Sie sich, immer mehr loszulassen, sich zu erholen und die Ruhe zu genießen.*

1. *Während Sie sich entspannen, stellen Sie sich Ihr Ziel so vor, als ob Sie es gerade eben erreicht hätten.*

2. *Stellen Sie es sich bildhaft, in der Gegenwart und konkret in Einzelheiten mit allen Sinnen deutlich vor. Wie sieht die Situation genau aus? In welcher Umgebung haben Sie Ihr Ziel erreicht? Sind andere Menschen dabei?*

3. ***Gefühle**: Wie fühlen Sie sich jetzt? Wie fühlt sich Ihr Körper gerade jetzt an, nachdem Sie Ihr Ziel erreicht haben? Wo im Körper spüren Sie das am intensivsten? Nehmen Sie sich alle Zeit, diese Gefühle und Empfindungen auszukosten und zu vertiefen.*

4. *Was sagen Sie zu sich selbst, nachdem Sie Ihr Ziel erreicht haben? Was sagen andere Menschen dazu, dass Sie Ihr Ziel erreicht haben?*

5. ***Gedanken**: Schauen Sie in Gedanken vom erreichten Ziel zurück – welche konkreten Schritte haben Sie unternommen, um Ihr Ziel zu erreichen? Welche Ihrer Kompetenzen haben Sie auf dem Weg zum Ziel unterstützt? Wie haben Sie sich*

motiviert, um bis zum Abschluss am Ball zu bleiben? Wie haben Sie Hindernisse auf dem Weg zum Ziel gemeistert? Welche Glaubenssätze haben Ihnen geholfen, diese Hürden zu nehmen? Es macht Spaß, Herausforderungen zu meistern. Welche Fähigkeiten haben Sie auf dem Weg zum Ziel erweitert? Sie sind bereit, immer wieder dazuzulernen.

6. *Kehren Sie noch einmal zum gerade eben erreichten Ziel zurück – was bedeutet es für Sie, Ihr Ziel erreicht zu haben? Erlauben Sie sich, erfolgreich zu sein.*

7. *Wie feiern Sie Ihren Erfolg? Gefühle? Geräusche? Stimmung? Gerüche?*

8. *Danken Sie sich für die Ausdauer, dass Sie bis zum Abschluss am Ball geblieben sind.*

9. *Lassen Sie die Visualisierung nachklingen und kehren Sie allmählich zur Gegenwart zurück und seien Sie im Bilde, was Sie als Nächstes tun, um Ihrem Ziel einen Schritt näher zu kommen.*

❁ *Im nächsten Schritt können Sie die Motivationsfragen zu Ihrem Ziel von unten nach oben durchgehen. Lassen Sie sich dabei Zeit, sodass Sie die jeweiligen Antworten immer auch fühlen und körperlich spüren.*

Motivation für Ihre Ziele

Emotional und kraftvoll aufgeladenes Ziel

Smartes Ziel

Konkrete Handlungsableitung:

Was ist Ihr nächster Schritt innerhalb von 72 Stunden? Wie setzen Sie Ihr Ziel konkret um?

---

6. Spiritualität/Zugehörigkeit

Welchen höheren Sinn gibt es, dass Sie Ihr Ziel erreicht haben?

5. Selbstbild/Rollen

Ändert sich Ihr Selbstbild, und wenn ja, wie – dadurch, dass Sie das Neue umgesetzt haben?

4. Werte

Welche Werte, die Ihnen wichtig sind, kommen durch das Erreichen Ihrer Ziele zum Vorschein?
Durch welches Verhalten werden sie sichtbar?

3. Einstellungen/Glaubenssätze

Welche neuen Einstellungen haben Sie gewonnen, weil Sie Ihr Ziel erreicht haben? Was denken Sie über sich, dass Sie Ihr Ziel erreicht haben?

2. Fähigkeiten

Welche Fähigkeiten haben Sie auf dem Weg zum Ziel erweitert? Welche Fähigkeiten haben sichergestellt, dass Sie Ihr Ziel erreicht haben?

1. Verhalten

Wie verhalten Sie sich genau, wenn Sie Ihr Ziel erreicht haben? Wie bewegen Sie sich? Wie reden Sie? Wie fühlen Sie sich? Wie wirken sich diese Verhaltensweisen auf Ihre Mitmenschen aus?

Start

Die 72-Stunden-Regel

Natürlich wollen Sie Ihr Ziel umsetzen, ist doch klar. Damit dies gut gelingt, ist es sinnvoll, innerhalb der nächsten 72 Stunden damit zu beginnen. Dadurch nutzen Sie den Motivationspush, den Sie durch Ihr smartes Ziel und die Zielvisualisierung sowie die Motivationsfragen erhalten haben, und kommen in die Gänge.

Ein systematischer, wenn auch kein besonders überraschender oder gar origineller Weg, um über 75 Prozent der Information im Langzeitgedächtnis zu speichern, ist:

Wiederholung – Wiederholung – Wiederholung – Wiederholung!

Üben – Üben – Üben!

Was ist, wenn es bei der Umsetzung mal nicht so klappt?

1. Das ist normal, das gehört dazu.

   Denken Sie an alle positiven Konsequenzen, die damit verbunden sind, wenn Sie das Ziel erreicht haben.

2. Vielleicht geht es auch darum, Ihr Ziel zu modifizieren, sodass Sie es dann leichter erreichen können.

19

Wie Sie Ihre Ziele erreichen – Zyklus zum Erfolg

> Ausdauer wird früher oder später
> belohnt – meistens später!
> Wilhelm Busch

Warum brechen manche Menschen nach einer Welle der Begeisterung für Ihr neues Ziel ab und steigen aus?

Wie können Sie bei Ihrem neuen Ziel am Ball bleiben und schließlich bei dem, was Sie wollen, erfolgreich sein?

Ein sehr wirkungsvolles Instrument zur Umsetzung eines Ziels ist der Neugier-Erfolgs-Loop nach Katja Dyckhoff. Er beschreibt den ganzen Weg vom Anfang bis zum Ziel und enthält die vier typischen Phasen, die auf jedem neuen Weg zu einem Ziel auftauchen und ablaufen.

Dadurch

- entwickeln Sie Verständnis für sich selbst bis hin zum Ziel,
- bekommen Sicherheit und Vertrauen bei Veränderungsprozessen,
- bleiben motiviert und ausdauernd und bis zum Schluss am Ball,
- sind darauf vorbereitet, was alles auf dem Weg zum Ziel passieren kann, und können konstruktiv damit umgehen.

1. Phase: Neugier

Wann immer Sie neue Wege gehen, sind Sie neugierig, gespannt, interessiert, hoch motiviert und erwartungsvoll. Sie wollen wissen, wie Sie Ihr Ziel umsetzen können und wie sich Ihr Weg entwickelt. Sie wollen wissen, wie die Dinge funktionieren. Es ist ein lohnendes Abenteuer, Ihre Gedanken kreisen ständig um Ihr Thema, Sie sind beflügelt, voller Tatendrang und Vorfreude. Sie beginnen engagiert, setzen sich völlig dafür ein und gehen ganz in der Sache auf.

2. Phase: Ernüchterung

Sie stellen fest, dass nicht alles so reibungslos und glatt verläuft, wie Sie es sich in Ihren Träumen vorgestellt haben. Ihr Elan wird von Hindernissen gebremst, der Fortschritt wird mühsam und zäh. Sie kommen Ihrem Ziel längst nicht so schnell näher, wie Sie erwartet haben. Sie werden lustlos, demotiviert und laufen Gefahr, das Ziel aufzugeben, weil die schnellen Erfolge ausbleiben.

Doch genau diese Phase gehört dazu. Sie ist normal. Sie ist wichtig und wertvoll, weil Sie jetzt genau prüfen, ob Sie Ihr Ziel wirklich erreichen wollen, ob es Ihnen wirklich wichtig ist. Vielleicht müssen Sie Ihr Ziel etwas verändern, vielleicht Ihre Ansprüche an die Geschwindigkeit der Umsetzung anpassen, vielleicht kommen neue Punkte dazu, die Sie noch nicht erkannt haben. Vielleicht haben Sie den Aufwand unterschätzt. In jedem Fall werden Sie realistischer und entwickeln nun neue Strategien und Maßnahmen, wie Sie zum Ziel kommen.

3. Phase: Ausdauer

Jetzt geht es um Durchhaltevermögen und innere Disziplin. Sie kommen Schritt für Schritt voran, sind ganz bei der Sache und wissen, dass Sie genau die Fähigkeiten haben, um am Ball zu bleiben. Mit Geduld und Ausdauer kommen Sie jetzt weiter.

4. Phase: Erfolg

Ihre Mühe, Ihre Arbeit, Ihr ganzes Engagement hat sich gelohnt – Sie haben Ihr Ziel erreicht. Sie genießen und feiern Ihren Erfolg, freuen sich, dass Sie Hindernisse überwunden und ausdauernd dabeigeblieben sind. Sie sind stolz auf sich, gönnen sich jetzt Ruhe und Erholung und schauen zurück, was Sie auf dem Weg zum Ziel alles getan und gelernt haben.

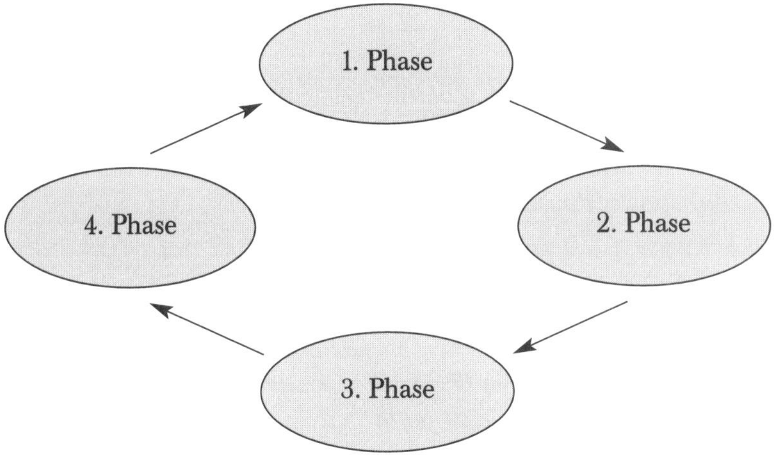

Sie erleben alle vier Phasen auf Ihrem Weg zum Ziel.

In der folgenden Übung stellen Sie sich nacheinander alle vier Phasen vor und verbinden sie durch die Berührung der Knöchel Ihrer linken Hand.

Übung

Neugier-Erfolgs-Loop

- *Überlegen Sie sich ein smartes Ziel.*
- *Gehen Sie der Reihe nach alle vier Phasen durch und erleben Sie die jeweils ablaufenden inneren Prozesse der einzelnen Phasen so genau wie möglich – mit allen Sinnen.*

1. Gleichzeitig bei der ***ersten Phase****: Stellen Sie sich alles vor, was zur ersten Phase gehört, und bilden Sie mit der linken Hand eine lockere Faust. Mit dem rechten Zeigefinger berühren Sie den Knöchel unterhalb des Zeigefingers der linken Hand.*

2. Bei der ***zweiten Phase*** *berühren Sie mit dem Mittelfinger den Knochen unterhalb des Mittelfingers.*

3. Bei der ***dritten Phase*** *berühren Sie mit dem Ringfinger den Knochen unterhalb des Ringfingers.*

4. Bei der ***vierten Phase*** *berühren Sie mit dem kleinen Finger den Knochen unterhalb des kleinen Fingers.*

5. Danach: Wiederholen Sie die Schritte 2 bis 6 noch zweimal. Beginnen Sie wieder mit der ersten Phase und verknüpfen Sie sie durch Berühren der Fingerknöchel. Vielleicht fallen Ihnen noch zusätzliche Aspekte bei den jeweiligen Phasen ein.

20

Fliessen der Energie durch Hingabe – der berühmte Flow

Mein Job war von jeher,
alles mit Leidenschaft und
hundertprozentiger Hingabe zu machen.
Meine Bestimmung ist, zu dienen.
Franz Beckenbauer, Ehrenpräsident FC Bayern

Was haben Oprah Winfrey, Michael Jackson und Oliver Kahn gemeinsam?

Was passiert, wenn eine Fußballmannschaft über sich hinauswächst?

Sie tun das, was sie tun, mit jeder Faser ihres Wesens. Sie gehen in ihrem Metier und in ihrer Aufgabe vollkommen auf. Sie sind beflügelt, locker, voller Entschlossenheit und Kraft. Sie sind voll und ganz bei der Sache, jeder gibt alles, und dabei wirkt das Ganze harmonisch und spielerisch leicht.

Hingabe ist für uns das deutsche Wort für »Flow«. Mihaly Csikszentmihalyi entwickelte die berühmte Flow-Theorie im Hinblick auf Risikosportarten, heute findet sie Anwendung in der Arbeitswelt.

Hingabe ist der Moment, in dem Körper und Geist mühelos zusammenarbeiten. Sie sind offen, handeln direkt, klar, sicher und lassen sich dabei von Ihrer Intuition leiten. Sie sind von innen heraus völlig motiviert.

Sie tun, was Sie tun, von ganzem Herzen, mit Leib und Seele, und gehen ganz darin auf. Sie sind eins mit der Handlung und in völliger Harmonie. Innenwelt und Außenwelt sind wunderbar im Einklang. Sie wissen genau, was richtig ist und was nicht. Zeit spielt keine Rolle.

Ein Wintersportler, mit dem ich arbeite, berichtete folgendermaßen von einem Flow-Zustand, den er mental und körperlich verankerte, sodass er ihn vor jedem Rennen abrufen kann: »Ich schaue die Landschaft an, spüre die frische Luft – freue mich. Und wenn es dann losgeht, bin ich mit allem verbunden. Es gibt keine Trennung mehr. Es gibt nur noch das Dasein. Alles geht wie von selbst.«

Hingabe ist ein fließender Prozess, bei dem Sie die Dinge um ihrer selbst willen tun. Da funkt kein zweifelnder Gedanke dazwischen. Sie widmen sich selbstvergessen Ihrer Aufgabe, ähnlich wie ein Kind, das beim Spielen die Welt um sich herum völlig vergisst. Sie vertrauen Ihren Fähigkeiten, sind vital und frei.

Der kritische Verstand spielt bei der Hingabe keine Rolle. Sie nehmen sich als Person nicht wichtig. Dadurch gelingt Ihnen viel mehr. Ihre Energie steht Ihnen voll zur Verfügung, Sie sind präsent und kraftvoll.

Sie erhalten durch den Flow-Zustand einen Einblick in die wahre, unveränderliche Natur des Seins, Sie erfahren sich unmittelbar, direkt und ohne Gedanken. Jeder, der dies einmal bewusst erfahren hat, weiß untrüglich, wie das ist.

Das innere Wissen um die Wahrheit des Seins ist eine klare Erfahrung, die Öffnung zu einer völlig anderen Dimension, jenseits dessen, was Sie je über sich gedacht haben. Gedanken sind Gedanken, sind mentale Konzepte, die wir natürlich auch brauchen, doch sobald der kritisierende, analysierende, bewertende Verstand beim Flow dazwischenfunkt und gar die Oberhand gewinnt, wird der Fluss der Aufmerksamkeit gestört. Der Verstand will wieder etwas erreichen, will Dinge kontrollieren, denkt an die Zukunft oder daran, was man unbedingt vermeiden will.

Dadurch treten leichte Anspannungen auf, die Aufgabe wird anstrengend, das Spielerisch-Leichte geht verloren. Die Gegenwärtigkeit ist unterbrochen.

Das ist dann so: Sie sitzen zum Beispiel im Büro, betrachten durch das Fenster das schöne Wetter draußen. Und während Sie arbeiten, denken Sie, wie schön es doch wäre, jetzt in der Natur zu sein. Und wenn Sie dann später in der Natur sind, denken Sie an die Arbeit. Sie haben einen inneren Konflikt mit sich selbst, Ihre Energie ist nicht mehr fokussiert.

Im Coaching können Leistungssportler, Führungskräfte und alle, die an ihrer Weiterentwicklung interessiert sind, diesen einheitlichen Flow-Zustand bewusst erleben, ihn als innerste Natur und unendliche Kraftquelle erkennen. Sie entdecken Möglichkeiten, wie sie diesen Flow-Zustand immer wieder aktivieren und vertiefen können.

Selbstverantwortung, Vertrauen, Hingabe, Ausdauer und Aufmerksamkeit auf das Ziel sind die Schlüssel zu einem erfüllten und erfolgreichen Leben.

Hingabe können Sie überall erleben. Es kommt dabei nicht so sehr darauf an, was Sie tun, sondern vielmehr, WIE bewusst Sie etwas tun, mit welcher inneren Haltung. Es kommt auf Ihre Bereitschaft an, sich voll und ganz einzulassen.

Übung

❁ Richten Sie Ihre Aufmerksamkeit bewusst auf das, was Sie tun – ohne Urteil –, und erlauben Sie sich, sich voll und ganz der Sache zu widmen, gleichgültig, ob es sich um Geschirrspülen, Sport, Ihre täglichen Aufgaben handelt, nach dem Motto:

»Wenn ich Tee trinke, dann trinke ich Tee.
Wenn ich esse, dann esse ich.«

❁ Bleiben Sie mit Ihrer ganzen Aufmerksamkeit bei EINER Sache und widmen Sie sich dieser vollständig. Und wenn Sie bemerken, dass Ihre Gedanken abschweifen, lenken Sie sie wieder auf Ihre Tätigkeit zurück.

21

MEDITATION UND INNERE BALANCE

Meditation bedeutet,
bei allem, was man tut,
völlig aufmerksam zu sein –
beispielsweise darauf zu achten,
wie man mit jemandem spricht,
wie man geht, wie man denkt
und was man denkt.
Krishnamurti

JEDER MENSCH hat schon meditiert, etwa einem Sonnenuntergang zugeschaut, dem Trommeln des Regens gelauscht, bewusst ein wunderbares Essen genossen oder ist ganz in der Arbeit oder im Sport aufgegangen.

Warum ist Meditation gerade in unserer hektischen Welt wichtig?

- Sie bekommen durch Meditation Abstand zum Alltag, Abstand zu Ihren Gedanken und Gefühlen.
- Sie sind wach, klar und können sich leichter konzentrieren.
- Sie werden ruhiger, gelassener, sicherer – gewinnen innere Balance.
- Sie fühlen sich verbunden und dankbar dem Leben gegenüber.
- Sie können Ihr Potenzial und Ihr Wohlergehen verbessern und optimieren.
- Meditation hat einen günstigen Einfluss auf Blutdruck und Immunsystem.

- Sie können Stress besser meistern, Ihre Widerstandskraft stärken und insgesamt tatkräftiger und optimistischer sein.

Es geht bei der Meditation nicht um das Analysieren von Zusammenhängen, nicht um Tagträumerei oder andere Gedankenspiele.

Worum geht es dann bei der Meditation?

Es geht um bewusstes, nicht wertendes Wahrnehmen dessen, was gerade ist. Sie nehmen zum Beispiel urteilsfrei wahr, was Sie gerade denken. Normalerweise bewerten, beurteilen wir innerlich häufig, führen Selbstgespräche und sagen: »Ah, das ist gut.« Oder: »Oh, das ist schlecht.« In der Meditation nehmen Sie diese Gedanken einfach wahr – die »guten« wie die »schlechten«. Sie halten an keinen Gedanken, an keinen Gefühlen fest, obwohl das manchmal schade ist, denn Lieblingsgedanken und Lieblingsgefühle sind auch etwas Schönes, aber Träume sind Träume und Meditation ist Meditation.

Durch die nicht wertende Beobachtung der Gedanken entwickelt und vertieft sich der »innere Zeuge« oder »Beobachter«. Dem Verstand wird dabei Energie abgezogen, alte Identifikationen werden im Licht des Bewusstseins nach und nach aufgelöst.

Erst wenn der mentale Lärm leiser wird und Lücken zwischen den Gedanken entstehen, spüren Sie, wie sich allmählich eine innere Ruhe im Körper ausbreitet und vertieft.

Denn in dieser Stille des Körpers und in dieser Leere der Gedanken eröffnet sich Ihnen eine klare Realität.

Ob Sie diesen Vorgang nun innere Stille, Meditation, Gebet oder innere Achtsamkeit nennen, spielt keine Rolle.

Bei der Meditation sind wir ganz in der Gegenwart – im Hier und Jetzt.

Das Grundlegende an der Meditation ist, dass der Verstand zur Ruhe kommt. Meditation bedeutet, sich zu öffnen für die innere

Ruhe und Stille, für die eigene Kreativität. Ihr angeborenes Potenzial wird dadurch aktiviert. Ihr Bewusstsein wird erweitert, Sie sehen die Dinge klarer, direkter und können mehr erreichen. Und ganz nebenbei, wer meditiert, hat weniger Falten.

Meditation ist wichtig, wenn es um den tieferen Sinn des Lebens geht. Und dieser Sinn kann nicht durch den Verstand gefunden werden. Es ist eine direkte existenzielle Erfahrung. Und selbst wenn sie nur ein paar Minuten dauert, verändert sie doch das ganze Leben, denn in diesen Minuten blitzt das innerste Wesen auf, jenseits von allen Etikettierungen und Bewertungen. Sie fühlen sich verbunden. Es gibt kein klares »Ich« und »Du« mehr, sondern nur noch grenzenlose Weite und Fülle. Jenseits des Verstandes gibt es keine Frage und keinen Fragenden mehr.

Wenn Sie regelmäßig meditieren, entfalten sich zunehmend mentale Klarheit, Entschlossenheit, Ausdauer, Mitgefühl, Lebensfreude, Liebe.

Meditation ist an keinerlei Ideologien geknüpft, hat aber oftmals einen weltanschaulich-religiösen Hintergrund.

Es existieren die verschiedensten Techniken, die zur Meditation hinführen. Alle diese Techniken sind Einführungen, Einstimmungen, Vorbereitungen, sodass Meditation möglich wird. Es gibt dynamische und stille Meditationen. Zudem können Sie aus allen Tätigkeiten eine Meditation machen – sei es Arbeiten, Geschirrspülen, Radfahren, Joggen. Immer geht es um das nicht wertende Wahrnehmen dessen, was gerade ist oder was Sie gerade tun.

Wir stellen Ihnen hier mehrere Möglichkeiten vor.

Drei Übungen

❁ *Vorbereitung: Achten Sie darauf, dass Sie während der Meditation ungestört sind, dass kein Fernseher läuft und kein Handy klingelt. Meditation ist Ihre persönliche Auszeit zur Entspannung und zum Krafttanken.*

Atemmeditation – wahrnehmen, was ist

❁ *Setzen Sie sich aufrecht und bequem hin. Schließen Sie die Augen und nehmen Sie wahr, wie Ihr Atem durch die Nase einströmt und wieder ausströmt. Nehmen Sie wahr, was ist – Ihren Körper, Ihre Gefühle, Ihre Gedanken, ohne sie zu bewerten, ohne zu urteilen.*

❁ *Wenn Sie bemerken, dass Ihre Gedanken abgedriftet sind, kehren Sie zum Atem zurück und beobachten von Neuem, wie Sie ein- und ausatmen.*

Lichtmeditation

❁ *Setzen Sie sich entspannt und bequem hin. Halten Sie Ihre Wirbelsäule gerade.*

❁ *Schließen Sie die Augen, als ob Sie schlafen wollten, bleiben Sie dennoch wach. Richten Sie Ihre Augäpfel einfach geradeaus und schauen Sie mit liebevollem Blick eine Stelle an, die circa 30 cm vor Ihnen ist, sozusagen vor Ihrem »Dritten Auge« – bitte nicht auf den Boden, nach oben oder seitwärts sehen, denn das würde möglicherweise zu Kopfschmerzen führen. Sie können sich anfangs auch imaginär auf das Licht einer brennenden Kerze konzentrieren.*

❁ *Denken Sie sich den für Sie höchsten Begriff. Möglicherweise »Liebe heilt«, »Die Schöpferkraft hilft mir« oder was immer für Sie die höchsten Begriffe sein mögen.*

❁ *Wiederholen Sie diesen Begriff langsam und stetig, das heißt innerlich, ohne ihn laut auszusprechen.*

❁ *Wichtig ist, dass Sie sich weiterhin auf den imaginären Punkt konzentrieren.*

❁ *Mit der Zeit werden Sie ruhiger werden. Atmen Sie ganz normal weiter, da sonst Ihre Konzentration auf den Atem gelenkt wird. Wiederholen Sie nach wie vor Ihren Begriff und schauen Sie, was sich vor Ihnen auftut. Bei dieser Meditation geht es darum, auf das Licht Ihrer eigenen Seele oder Schöpferkraft zu treffen.*

Farbmeditation

❁ *Atmen Sie dreimal ruhig tief ein und spüren Sie beim Ausatmen, dass alle negativen Stoffe und Gedanken Ihren Körper verlassen. Atmen Sie nun normal weiter.*

❁ *Stellen Sie sich vor, dass zum Beispiel eine violette Flüssigkeit von oben über Ihren Scheitel in Ihren Körper hineinfließt. Diese Flüssigkeit reinigt Sie von Kopf bis Fuß, indem sie systematisch und in kreisenden Bewegungen jeden Körperteil ausspült.*

❁ *Die Flüssigkeit bewegt sich durch Ihren Körper in folgender Reihenfolge: durch den Kopf, den Hals, die Halswirbelsäule in beide Schultern, Schulterblätter, Arme und Hände bis in die Fingerspitzen hinein; in die Brustwirbelsäule und den Oberkörper, den Brustraum und die Rückenpartien, durch die einzelnen Organe – das Herz, die Lunge, den Magen, die Leber und Gallenblase (rechts innen unter den Rippen), die Milz und die Bauchspeicheldrüse (links unter dem Rippenbogen); weiter durch Ihre Taille hinunter in den Unterkörper, durch Ihren gesamten Darm, die Nebennieren (hinten innen unter den Rippen) und die darunter liegenden Nieren; durch den Unterleib, die Keimdrüsen, bei den Frauen die Eileiter, Eierstöcke und die Gebärmutter; bei den Männern die Prostata – und schließlich durch die Blase und den Anus; dann in beide Beine in die Beckenschaufeln, die Oberschenkel, beide Knie, die Waden, durch die Knöchel, die Fersen und beide Füße bis zu den Zehenspitzen, wo die violette Flüssigkeit den Körper wieder verlässt und tief in die Erde hineinfließt, um dort alle mitgeschwemmten Giftstoffe und negativen Energien zu transformieren.*

- *Haben Sie bei Ihrer Wanderung durch den Körper das Gefühl, sich an einer besonders belasteten Stelle zu befinden, so lassen Sie die violette Flüssigkeit jede einzelne Zelle dieses Körperteils durchströmen, bis Sie meinen, von allen Giften ganz befreit zu sein.*

- *Atmen Sie im Anschluss an die Meditation tief durch und spüren Sie, wie der frische Atemfluss in Ihren von allen Schlacken gereinigten Körper eindringt. Nun sind Sie bereit, neue Energien aufzunehmen.*

- *Diese Farbmeditation können Sie auch mit goldenem Licht zum Auftanken statt der violetten Flüssigkeit durchführen.*

Meditation wird inzwischen mit viel Erfolg zu Genesungszwecken in Kliniken eingesetzt, und immer mehr Menschen erkennen, wie wichtig Meditation und Stille für die innere Balance sind: Kinder schreiben bessere Noten. Manager sind angenehmer im Umgang mit Mitarbeitern geworden, der tägliche Ärger verwandelt sich langsam in Geduld und Nachsicht. Durch Meditation lösen sich langsam und sanft alte Muster, Sie gewinnen neue Kraft und Stärke.

Üben

Es ist noch kein Meister vom Himmel gefallen. Beim Meditieren ist es wie überall:

Sie müssen üben, üben, üben.

Geben Sie sich zum Beispiel das Versprechen, über einen Zeitraum von vier Wochen täglich abends oder morgens 15 Minuten zu meditieren, auch wenn Sie manchmal keine Lust dazu haben. Nehmen Sie sich die Zeit, um neue Erfahrungen zu machen!

Hindernisse bei der Meditation

»Was soll das Ganze denn? Da übe ich schon tagelang – und merke noch keinen Unterschied«, beklagen sich manche Menschen. Sie sind etwas ungeduldig und meinen, sie müssten nach einer Woche große Erfolge nachweisen können!

Leider verhindert genau diese Haltung, dass sich etwas verändert. Wenn Sie unbedingt nicht wertend wahrnehmen wollen, dann werten Sie ja schon!

Oder wenn Sie nur auf das hoffentlich eintretende Ergebnis, »innere Ruhe« oder »einen guten Zustand«, schauen, werden Sie nervös. Gerade dann, wenn Sie nichts erwarten, nichts wollen, sich nicht anstrengen, sondern einfach nur wahrnehmen – dann geschieht es. Da ist eine umfassende Weite, ein völliges Verbundensein mit dem, was ist – Stille, Frieden, Klarheit und Stärke. Und wenn dieser Augenblick auch nur kurz währt – die Qualität Ihres Seins verändert sich durch diese Erfahrung.

22

Ihr Erste-Hilfe-Werkzeugkoffer

Hier stellen wir verschiedene praxiserprobte Methoden vor, Werkzeuge, die zum ganzheitlichen Wohlbefinden beitragen, unsere innere Stabilität und Entwicklung fördern sowie die Selbstheilungskräfte aktivieren.

A) Übung zur Gelassenheit – Aktivieren der Thymusdrüse

Gesundes Selbstvertrauen
ist die Mutter allen Glücks.
Chris Hunt

Die Thymusdrüse ist eine endokrine Drüse und sitzt hinter dem Brustbein in der Mitte des Brustkorbs. In der Kindheit ist die Thymusdrüse für das körperliche Wachstum zuständig. Sie sorgt für das Funktionieren des Immunsystems, steuert den Energiestrom im Körper. Auf der einen Seite schwächen emotionale Unausgeglichenheit, Stress, Angst und Streit die Thymusdrüse, auf der anderen Seite beeinflusst sie unsere Gehirntätigkeit positiv, vor allem das Gedächtnis, sorgt für Zellerneuerung UND stärkt das Selbstwertgefühl.

Das alles kann die Thymusdrüse natürlich nur bewerkstelligen, solange sie aktiv ist.

Leider beginnt sie bereits im frühen Erwachsenenalter, ihre Tätigkeit zu verlangsamen, zu schrumpfen und sich auf eine baldige Pensionierung vorzubereiten. Parallel damit beginnt die Jugend zu schwinden, und zwar körperlich und geistig. Zum Glück können Sie aber Ihre Thymusdrüse aktivieren und sogar weiterentwickeln – bis ins hohe Alter! Im Vordergrund stehen dabei die Erhaltung der geistigen Jugend und die Stärkung Ihres Selbstwertgefühls.

Chronisch negative Gedankenmuster und Stress ziehen emotionale Beeinträchtigungen nach sich und können sogar zu Krankheiten führen. Daher ist es für unsere Gesunderhaltung wichtig, auf mentaler, emotionaler, körperlicher und geistiger Ebene etwas zu tun.

Durch das Klopfen

- werden Ihre Abwehrkräfte gestärkt,
- richtet sich Ihr Körper auf,
- lächeln Sie und sind optimistischer,
- steigt Ihr Selbstwertgefühl,
- funktioniert Ihr Gedächtnis besser,
- sind Sie gelassener,
- erhöht sich Ihr Lebensgefühl,
- fühlen Sie sich jünger und heiter.

Kleine Übung – große Wirkung! Wenn das nicht motivierend ist!

Wie können Sie die Thymusdrüse aktivieren?

Folgende Übungen sind zu empfehlen:

a) Trommeln Sie täglich ein bis drei Minuten lang (bitte nicht länger, da es sonst zur Überreizung kommen kann!) mit den Fingerspitzen auf die Thymusdrüse. Dadurch wird sie aktiviert, und die Resonanzwellen erfassen den ganzen Körper.

b) Trommeln Sie vor wichtigen Gesprächen und anderen Vorhaben – so wie einst Tarzan – auf die Thymusdrüse. Damit sind Sie wach, können sich besser konzentrieren und wird Ihr Selbstwertgefühl gestärkt.

c) *Strecken Sie beide Arme nach vorn aus und sprechen Sie singend die Silbe »Tra«.*

Anschließend klopfen Sie einmal kräftig mit den Fingerspitzen auf die Thymusdrüse und sprechen die Silbe »La«.

Diese Übung wiederholen Sie ein zweites Mal: »Tra – La«.

Beim dritten Mal wie gehabt einmal »Tra«, doch nun fünfmal mit »La« klopfen.

- *Tra – La*
- *Tra – La*
- *Tra – La – La – La – La – La*

Diesen Ablauf führen Sie insgesamt dreimal durch.

Das hört sich zwar kindisch an, sieht vielleicht auch so aus, ist aber höchst wirkungsvoll.

Falls Sie nach der Übung husten, ist dies ein Zeichen dafür, dass Sie in dem Augenblick Altes loslassen.

Fallbeispiel

Ein Mann Mitte 30 kam zum Gesundheitscoaching in die Praxis. Er erzählte, dass seine Frau ihn verlassen habe und aus der gemeinsamen Wohnung ausgezogen sei. Er war wie in einer Starre und Blockade, nichts war mehr im Fluss der normalen Energie. Ich fragte ihn, ob er nach der Trennung schon einen Husten gehabt hätte. Er verneinte.

So ließ ich ihn die »Tra-La-La«-Übung täglich drei Minuten durchführen. Nach circa einer Woche bekam er endlich den Ablösungshusten. Dies war ein Zeichen, dass er sich im Ablösungsprozess befand. Die Übung sollte er nun so lange anwenden, bis der Husten aufhören würde. Es dauerte etwa drei Wochen, bis auch kein Schleim mehr kam. Bei seinem Besuch nach den drei Wochen war sein Gesichtsausdruck entspannt und seine Energien konnten wieder fließen.

Husten bedeutet Ablösen von der Vergangenheit, und die Aktivierung des Selbstwertes mittels der Thymusdrüse konnte ihm dabei helfen.

B) Die bahnbrechenden Entdeckungen des Dr. Bach

Es war in London in den frühen 20er-Jahren: Dr. med. Edward Bach, ein bescheidener Arzt und Forscher, ist besessen davon, Menschen dabei zu helfen, ihre Energie in einen harmonischen Fluss zu bringen, und zu ihrer Heilung beizutragen. Tagsüber arbeitet er in seiner Praxis, danach fährt er zum Nottingham Place, um Arme kostenlos zu behandeln, und abends arbeitet er als Pathologe und Bakteriologe am Homöopathischen Krankenhaus in London weiter. Er experimentiert mit Darmbakterien und Impfstoffen und will wissen, ob und, wenn ja, welche Zusammenhänge zwischen Persönlichkeit, Krankheit und Darmbakterien bestehen.

Edward Bach wird 1886 bei Birmingham in England geboren. Er studiert Medizin an der Londoner Universität. Ausgangspunkt für seine spätere Entdeckung der Wirksamkeit bestimmter Blüten- und Pflanzenessenzen ist die eigene Erforschung von und die Therapie mit »Darmnosoden« – einer homöopathischen Potenzierung von Krankheitserregern, krank machenden Darmbakterien.

Dr. Edward Bach stellt nämlich fest, dass bestimmte chronische Beschwerden am wirkungsvollsten über die Entgiftung des Darms behandelt werden.

Nach jahrelanger theoretischer Forschung und umfassender persönlicher medizinischer Praxis kommt Dr. Bach zu dem Schluss: Es gibt sieben Hauptgruppen von Darmbakterien, die – als Impfstoffe bzw. homöopathisch aufbereitete Heilmittel – bei fast allen Beschwerden helfen!

Offensichtlich – so zeigen Bachs Forschungsergebnisse – bestehen engste Beziehungen zwischen den Gemütszuständen und der Entstehung der Beschwerden und körperlichen Leiden.

Er schreibt: »Krankheit ist im Wesentlichen das Ergebnis des Konflikts zwischen der Seele und dem Verstand und wird nie ausgerottet werden, außer durch geistige und mentale Bemühung.«

Nach Dr. Bach gibt es sieben negative Gemütslagen, welche er als die Gründe des verloren gegangen Kraftpotenzials des Menschen bezeichnet. Er sieht darin die Hauptursachen für Krankheiten.

Die sieben negativen Gemütslagen sind:

- Angst
- Unsicherheit
- mangelndes Interesse für die Gegenwart
- Einsamkeit
- Überempfindlichkeit gegen Einflüsse und neue Ideen
- Mutlosigkeit und Verzweiflung
- übertriebene Sorge um das Wohl anderer

Dr. Edward Bach entwickelt nun die sieben »Bach-Nosoden« entsprechend der sieben Bakteriengruppen. Mit seiner neuen Entdeckung und Therapie erzielt er aufsehenerregende Erfolge.

Aber Dr. Bach ist immer noch nicht zufrieden. »Ich wünschte, es wäre möglich, sieben Kräuter anstelle von sieben Bakteriengruppen anzubieten ...«, sagt er und macht sich auf die Suche danach.

1928 entdeckt er – im Verlauf von Selbstversuchen und aufgrund seines umfassenden Wissens – die ersten der später sogenannten

»Bachblüten«, die seine Nosoden ersetzen sollten. Er findet heraus, dass der Tautropfen auf einer Blüte, der noch vor Sonnenaufgang entsteht, die Information der gesamten Pflanze enthält – und dass diese je nach Gemütslage oder Persönlichkeit hilft, unsere Gefühls- und Gemütswelt wieder in Gleichklang und Harmonie zu bringen. Er sagt:

> *»Die natürliche Einheit von Persönlichkeit und Seele wird vor allem dann verletzt, wenn wir gegen die Einheit der Schöpfung verstoßen und Stolz, Grausamkeit, Hass, Ego-Liebe, Unwissen, Unsicherheit und Habgier Raum in unserem Leben geben. ... Die große kosmische Kraft, die wir GOTT oder auch einfach LEBEN nennen, hat alles bereitgestellt, damit wir unseren Lebensweg der bewussten Entwicklung und Entfaltung, der schöpferischen Anteilnahme und Gestaltung, in Harmonie mit uns selbst und anderen Geschöpfen gehen können.«*

Er stellt fest, dass es in der Natur für alle schwächenden Probleme und Konflikte bzw. Krankheiten Hilfe und Mittel gibt. Er zieht nach Wales, um sich in der Natur ganz seinen aufsehenerregenden Entdeckungen zu widmen. Er entwickelt sieben Gruppen von Persönlichkeitsmotivationen für das Leben und bringt sie in Zusammenhang mit spezifischen Lebenskräften, wie zum Beispiel Urvertrauen, Selbstverantwortung, Unterscheidungskraft. Für die Lebenskräfte arbeitet er unterstützende Affirmationen aus, entwickelt besondere Bachblüten zur Unterstützung der jeweiligen Lebenskraft und bringt sie in Verbindung mit Farben.

Gerade in unseren schwierigen Zeiten erweisen sich Bachblüten als Hilfe – bei Belastungen, Problemen, anstehenden Herausforderungen und Entwicklungen. Bachblüten gehören zu den alternativmedizinischen Behandlungsverfahren, sie dienen zur seelischen Harmonisierung sowie zur Förderung der Stabilität und Entfaltung der Persönlichkeit.

Dr. Bach stirbt 1936, doch obwohl die wissenschaftliche Wirksamkeit nicht erwiesen ist, schwören heute viele Menschen auf die Bachblüten. Es würde jedoch den Rahmen dieses Buches sprengen, hier genauer darauf einzugehen.

C) Bachblüten

1. Gruppe

Dr. Bach stellte als Ursache der Blockaden fest:

– Gemütszustand **»Angst«**

Die positive Transformation erfolgt durch:

- die helfende Lebenskraft *»Urvertrauen«*
- den helfenden Gedanken *»Ich vertraue auf die Schöpferkraft«*
- das Lebensgefühl *»Weise Liebe«*
- die helfende Farbe »Gelb«
- helfende Musik, zum Beispiel »Orgel und Chor«

2. Gruppe

Dr. Bach stellte als Ursache der Blockaden fest:

– Gemütszustand **»Unsicherheit«**

Die positive Transformation erfolgt durch:

- die helfende Lebenskraft *»Selbstvertrauen«*
- den helfenden Gedanken *»Ich bin innerlich stark«*
- das Lebensgefühl *»Aktive Intelligenz«*
- die helfenden Farben »Rot« oder »Grün«
- helfende Musik, zum Beispiel Nouveau Flamenco von O. Liebert

3. Gruppe

Dr. Bach stellte als Ursache der Blockaden fest:

– Gemütszustand **»Mangelndes Interesse an der Gegenwart«**

Die positive Transformation erfolgt durch:

- die helfende Lebenskraft *»Aktive Anteilnahme«*
- den helfenden Gedanken *»Ich lebe«*
- das Lebensgefühl *»Kraftvoller Wille«*
- die helfende Farbe »Gelb« oder »Türkis«
- helfende Musik, zum Beispiel indianische oder afrikanische Trommelrhythmen

4. Gruppe

Dr. Bach stellte als Ursache der Blockaden fest:

– Gemütszustand **»Einsamkeit«**

Die positive Transformation erfolgt durch:

- die helfende Lebenskraft *»Einssein«*
- den helfenden Gedanken *»Ich finde Kraft und Heilung innen«*
- das Lebensgefühl *»Harmonische Einheit«*
- die helfenden Farben »Grün« (und »Rot«)
- helfende Musik, zum Beispiel aktivierend

5. Gruppe

Dr. Bach stellte als Ursache der Blockaden fest:

– Gemütszustand **»Überempfindlichkeit«**

Die positive Transformation erfolgt durch:

- die helfende Lebenskraft *»Eigenverantwortung«*
- den helfenden Gedanken *»Ich höre auf meine eigene innere Stimme«*
- das Lebensgefühl *»Idealismus und Kreativität«*
- die helfenden Farben »Blau« und »Orange«
- helfende Musik, zum Beispiel melodische Klarinette

6. Gruppe

Dr. Bach stellte als Ursache der Blockaden fest:

– Gemütszustand **»Mutlosigkeit und Verzweiflung«**

Die positive Transformation erfolgt durch:

- die helfende Lebenskraft *»Dankbarkeit«*
- den helfenden Gedanken *»Jeder Mensch ist immer mit den kosmischen Energien verbunden«*
- das Lebensgefühl *»Zeremonielle Ordnung«*
- die helfenden Farben »Orange« und »Violett«
- helfende Musik, zum Beispiel Flöte

7. Gruppe

Dr. Bach stellte als Ursache der Blockaden fest:

– Gemütszustand **»Übertriebene Fürsorge«**

Die positive Transformation erfolgt durch:

- die helfende Lebenskraft *»Unterscheidungskraft«*
- den helfenden Gedanken *»Ich konzentriere mich auf meine Aufgaben«*

- das Lebensgefühl *»Konkretes Wissen«*
- die helfende Farbe »Grün«
- helfende Musik, zum Beispiel Dudelsack

D) Bachblütentherapie

- helfender Gedanke *»Ich bitte um Hilfe und höhere Führung«*
- helfende Musik, zum Beispiel Bach-Choral »Herz Jesu meine Freude«

Übung

- *Nehmen Sie sich eine Woche lang täglich einen anderen Kernsatz vor, den Sie im Bewusstsein zu halten versuchen.*
- *Nehmen Sie zum Beispiel pro Wochentag den helfenden Gedanken einer der sieben Gruppen von Dr. Edward Bach (S. 194 ff.) und versuchen Sie, während Sie ihn den ganzen Tag über wiederholen, auch Ihre Körperhaltung dem Inhalt und dem Wert dieses Gedankens anzupassen.*

Damit geben Sie Ihrem Geist die Chance, positive Impulse intensiv in ihrer Schwingung zu erfassen und zu verinnerlichen, und Sie geben Ihrem Körper die Chance, eine neue Körpersprache auszuprobieren.

Der Geist wirkt auf den Körper, und der Körper wirkt auf den Geist – es handelt sich dabei um eine komplexe wechselseitige Wirkung.

1. Mit Urvertrauen Angst auflösen

Dr. Bach stellt bei den fünf Blütenessenzen, die er in der 1. Gruppe »Angst« aufführt, folgende Stichworte in den Mittelpunkt:

Rock Rose:	Notfallmittel Angst um den Mitmenschen, den Patienten/ Klienten
Mimulus:	Angst vor weltlichen, alltäglichen Dingen
Cherry Plum:	Angst vor geistigen, mentalen Dingen
Aspen:	unerklärliche Ängste
Red Chestnut:	Angst um andere Menschen

*Abgekürzte Bedeutung der Heilblüten zur 1. Gruppe und die jeweils helfenden Gedanken**

PRAXISFALL

Frau B. K., 42 Jahre, kam in die Praxis und klagte über ernsthafte Verdauungsstörungen, Blähungen und Obstipation. Zusätzlich hatte sie noch starke Rückenschmerzen. Die Nachtruhe war gestört. Ihr Mann hatte sie verlassen, und sie konnte ihn nicht loslassen. Aufgrund früherer Erfahrungen hatte sie stets Ängste, alleingelassen zu werden.

Sie bekam Rock Rose (Gelbes Sonnenröschen), Mimulus (Gefleckte Gauklerblume), Cherry Plum (Kirschpflaume) und Aspen (Zitterpappel).

In der darauf folgenden Woche fühlte sie sich bereits entspannter, die Rückenschmerzen ließen nach, und vier Wochen später konnte sie wieder ruhig schlafen.

---

*vollständige Beschreibung siehe »Die richtige Schwingung heilt«

Rock Rose (26), Gelbes Sonnenröschen

Dr. Bach: »Das Notfallmittel für Fälle, bei denen es keine Hoffnung mehr zu geben scheint; bei Unfällen oder plötzlichen Beschwerden; wenn der Betreffende sich zu sehr fürchtet oder unter Schock steht; wenn der Zustand des Betreffenden so ernst ist, dass dies bei den Umstehenden große Angst auslöst ...«

Helfender Gedanke: *Gott liebt mich und schenkt mir Zuversicht. Ich habe wieder Hoffnung.*

Mimulus (20), Gefleckte Gauklerblume

Man ist schüchtern und furchtsam, ängstlich aufgrund konkreter Situationen.
Für Menschen, die ihre Ängste still und heimlich mit sich herumschleppen und darüber nicht frei mit anderen sprechen.

Helfender Gedanke: *Ich darf alle belastenden Eindrücke aus der Vergangenheit loslassen. Ich schöpfe neuen Mut.*

Cherry Plum (6), Kirschpflaume

Es fällt schwer, innerlich loszulassen, und man hat Angst vor seelischen Kurzschlusshandlungen bzw. davor, die Kontrolle zu verlieren.

Helfender Gedanke: *In mir ist eine Quelle. Ich schöpfe Kraft aus ihr, um meine Aufgabe zu erfüllen.*

Aspen (2), Zitterpappel

Unerklärliche und vage Ängste, Vorahnungen und insgeheim Furcht vor drohendem Unheil.

Helfender Gedanke: *Ich kann zuversichtlich in die Zukunft blicken. Ich werde geführt.*

Red Chestnut (25), Rote Kastanie

Es fällt schwer, innerlich loszulassen, man hat Angst vor Kurzschlusshandlungen oder davor, die Kontrolle zu verlieren.

Helfender Gedanke: *Jeder Lebensplan ist anders. Jeder führt auf seine Weise zur Vervollkommnung.*

PRAXISFALL

Ein 50-jähriger Manager und Coachingtrainer stagnierte in seiner beruflichen Laufbahn. Er hatte massive Rückenprobleme und allergische Hauterscheinungen.

Er erzählte, dass sich seine Frau von ihm getrennt hatte. Er hatte zwei halb erwachsene Söhne, um die er sich jetzt kümmerte.

Seit der Trennung lebte er weiterhin in dem früheren gemeinsamen Haus, die geschiedene Frau schräg gegenüber. Er, der sonst anderen helfen konnte, wirkte ziemlich ratlos.

Nachdem er den jahrzehntelang bewährten »Heilblüten-Test« gemacht hatte, stellte sich heraus, dass er überempfindlich auf äußere Einwirkungen reagierte und sich fallen gelassen fühlte, da er noch hoffte, die Frau, die er als ideal empfand, zurückzubekommen.

Er brauchte ein Mittel gegen die Furcht angesichts der als neu empfundenen Einsamkeit (Mimulus), die Blütenessenz der starken Eiche, etwas gegen die Erschöpfung seines energetischen Potenzials (Olive) und eine Essenz für Neubeginn (Walnut), um sich in den aktuellen Lebensumständen gestärkt zu fühlen. Außerdem erhielt er das homöopathische Mittel gegen »das Gefühl, fallen gelassen zu sein«.

Bereits nach drei Wochen hatte er seine Selbstbehauptung wiedererlangt und erkannte, dass er wirklich ganz neu anfangen musste, auch im Hinblick auf die Wohnsituation.

Nach weiteren drei Wochen war er in der Lage, die Vergangenheit loszulassen, und zog um, um endlich seine eigene Kreativität zu erleben und wieder in den Energiefluss des Lebens zu gelangen.

Übrigens, auch die allergischen Hauterscheinungen waren verschwunden.

2. Durch Selbstbewusstsein fällt Unsicherheit ab

Dr. Edward Bach stellt folgende wesentliche Arten von Unsicherheit bei den sechs Blüten dieser 2. Gruppe »Unsicherheit« heraus:

Cerato:	Unsicherheit durch Mangel an Selbstbewusstsein
Scleranthus:	Unsicherheit durch Schwanken zwischen zwei Entscheidungsalternativen
Gentian:	Unsicherheit durch rasche Entmutigung
Gorse:	Unsicherheit durch Hoffnungslosigkeit
Hornbeam:	Unsicherheit durch zu geringe Belastbarkeit
Wild Oat:	Unsicherheit durch Mangel an Lebensprioritäten

*Abgekürzte Bedeutung der Heilblüten zur 2. Gruppe und die jeweils helfenden Gedanken**

PRAXISFALL

Ein Mann litt seit mehreren Jahren unter krampfartigen Geschwüren an den Knöcheln der Fußgelenke. Die Beine waren sehr geschwollen. Der Patient hatte fast schon aufgegeben, da ihm bisher keiner helfen konnte. Er kam in die Praxis und wollte von dem »Voodoozeug« etwas nehmen, sozusagen als letzten Versuch.

---

*siehe Literaturverzeichnis

Er erhielt Gorse (Stechginster) gegen die Hoffnungslosigkeit, Wild Rose (Heckenrose) gegen die Resignation, Scleranthus (Einjähriger Knäuel) und Hornbeam (Hainbuche).

Da er sich zu viel Sorgen um die Familie machte, erhielt er noch Cichory. Vom Gemüt her ging es ihm bald besser, aber jetzt hatte er das Interesse am Leben fast verloren. So erhielt er noch Wild Oat (Waldtrespe).

Jetzt trat eine Besserung ein. Wild Oat wurde ihm deshalb für einige Wochen verabreicht. Später erhielt er noch neben Gorse Blüten aus einer anderen Gruppe, die ihm dann zur vollständigen Heilung verhalfen. Diese waren Crab Apple und Mustard.

Cerato (5), Bleiwurz

Unsicherheit, zu wenig Vertrauen in die eigene Meinung. Man fragt ständig andere um Rat.

Helfender Gedanke: *Ich trage Verantwortung für mein Leben. Ich vertraue auf meine innere Stimme.*

Scleranthus (28), Einjähriger Knäuel

Unschlüssigkeit, innere Unausgeglichenheit und wechselnde Stimmungen.

Helfender Gedanke: *Ich bitte um inneres Gleichgewicht und Klarheit. Ich entscheide sicher.*

Gentian (12), Bitterer Enzian

Menschen mit pessimistischer Einstellung, die sich leicht entmutigen lassen, mangelndes Selbstvertrauen.

Helfender Gedanke: *Ich kann Schwierigkeiten meistern. Ich habe Mut, geduldig zu wachsen wie die Natur.*

Gorse (13), Stechginster

Große Hoffnungslosigkeit; für Menschen, die den Glauben aufgegeben haben, dass ihnen noch geholfen werden kann. Sie glauben, dass sehr wenig Aussicht auf Besserung besteht.

Helfender Gedanke: *Das Leben ist ein Geschenk. Ich achte und nutze es.*

Hornbeam (17), Hainbuche

Menschen, die meinen, dass sie zu schwach sind, um die Lebenslast zu tragen.

Die Alltagsanforderungen erscheinen ihnen unerfüllbar. Gefühl von Überforderung.

Helfender Gedanke: *Ich habe in diesem Leben eine Aufgabe. Die kosmischen Energien helfen mir, sie zu erfüllen.*

Wild Oat (36), Waldtrespe

Unklare Zielvorstellungen und innere Unzufriedenheit, weil die Lebensaufgabe nicht gefunden wird.

Helfender Gedanke: *Ich öffne mich für Impulse meiner Intuition. Ich vertraue meiner Seele.*

Praxisfall

Ein typischer Fall für die Wirkung von Cerato (Bleiwurz):

Ein gut aussehender, erfolgreicher Geschäftsmann litt seit vielen Jahren an einem Hautausschlag im Gesicht und an den Beinen und vor allem zwischen den Beinen. Dieser Ausschlag war zeitweise so stark, dass er sich nicht traute, geschäftliche und schon gar keine privaten Verabredungen wahrzunehmen.

Aus der Anamnese ergab sich, dass seine Mutter außerordentlich stark und dominant war und er unbewusst vor jeder stärkeren weiblichen Kraft unsicher wurde. Andererseits suchte er sich stets starke Frauen als Partnerinnen. Er wagte es nicht, sich einer Partnerin wirklich hinzugeben, weil er glaubte, von ihr vereinnahmt zu werden.

Während der Anfälle des Hautausschlags wurde ihm Cerato gegeben, außerdem Wild Oat (Waldtrespe), da er zu keiner dauerhaften Bindung oder Befriedigung fand. Ich erklärte ihm, dass er seine Partnerin als »Geliebte« sehen muss und auf keinen Fall als Nachfolgerin seiner Mutter.

Innerhalb einer Woche entschied er sich, bei seiner Freundin zu bleiben und eine Frau nicht wieder wegen ihrer »weiblichen Stärke« zu verlassen.

Er hatte nun die Energie, seinen Betrieb umzuorganisieren. Allerdings verursachte dies kurzfristig eine Verschlimmerung des Hautausschlags.

Bei einem erneuten Test mit dem Heilblüten-Farbkarten-Test stellte sich heraus, dass er noch zusätzlich White Chestnut (Rosskastanie) brauchte.

Von jetzt an ging es bergauf – beruflich und privat. Die Hautausschläge verschwanden langsam, tauchten indes bei kritischen Auseinandersetzungen mit seiner Freundin wieder auf.

Nach etwa einem Jahr hatte er das alte Verhaltensmuster dank der Einnahme von Cerato, Wild Oat und White Chestnut loslassen können, und die heftigen und juckenden Hautausschläge waren verschwunden.

Er konnte die Liebe zu seiner Mutter zeigen, weil er ihr verziehen hatte, und zugleich seine Freundin als gleichwertige Partnerin anerkennen und lieben.

3. Mangelndes Interesse an der Gegenwart durch aktive Teilnahme ersetzen

Dr. Bach unterscheidet die sieben Mittel dieser Gruppe nach folgenden Hauptmerkmalen:

Clematis:	mangelndes Gegenwartsinteresse aufgrund von stiller Träumerei
Honeysuckle:	mangelndes Gegenwartsinteresse aufgrund von Leben in der Vergangenheit aufgrund von Resignation
Olive:	mangelndes Gegenwartsinteresse aufgrund von Überforderung bzw. Überlastung
White Chestnut:	mangelndes Gegenwartsinteresse aufgrund von gedanklicher oder seelischer Ablenkung oder Verwirrung
Mustard:	mangelndes Gegenwartsinteresse aufgrund von Schwermut
Chestnut Bud:	mangelndes Gegenwartsinteresse aufgrund von Schwerfälligkeit

*Abgekürzte Bedeutung der Heilblüten zur 3. Gruppe und die jeweils helfenden Gedanken**

PRAXISFALL

Die berufstätige Mutter eines zehnjährigen Mädchens klagte darüber, dass ihrer Tochter alles gleichgültig war, seitdem sie sich von ihrem Mann, dem Vater der Kleinen, getrennt hatte. Die Leh-

*siehe Literaturverzeichnis

rerin in der Schule bemängelte die Aufmerksamkeit und erklärte, dass das Mädchen während des Unterrichts nur aus dem Fenster schaute.

Hier halfen Clematis (Weiße Waldrebe) und Honeysuckle (Jelängerjelieber).

Clematis (9), Weiße Waldrebe

Tagträumerei. Oft geistig abwesend und kein Interesse an der Umwelt. Manchmal Sehnsucht nach dem Jenseits, um Verstorbene zu treffen.

Helfender Gedanke: *Ich beobachte meine Gedanken. Ich entscheide mich bewusst, welche mich wirklich interessieren, und handle danach.*

Honeysuckle (16), Jelängerjelieber

»Früher war doch alles viel schöner.« Leben in der Vergangenheit.

Helfender Gedanke: *Ich schätze meine schönen Erinnerungen. Ich trage täglich bewusst dazu bei, anderen Menschen Freude zu bereiten.*

Wild Rose (37), Heckenrose

Teilnahmslos. Resignation. Apathie, und es scheint keinen Ausweg zu geben. Innerliche Kapitulation.

Helfender Gedanke: *Die Schöpferkraft hat mir die Chance zur Freiheit geschenkt. Diese Freiheit nutze ich für ein schönes und kreatives Leben.*

Olive (23), Olive

Alles ist zu viel. Das Gefühl von körperlichem und seelischem Ausgelaugtsein. Starke Erschöpfung.

Helfender Gedanke: *Ich darf mir selbst Ausgelassenheit und spielerische Freude gönnen. Ich lasse neue Energien durch mich strömen.*

White Chestnut (25), Weiße Kastanie

Gedanken kreisen unaufhörlich im Kopf und wirken sich störend auf den Gemütsfrieden aus. Innere Selbstgespräche und Dialoge.

Helfender Gedanke: *In mir ist Frieden. Diese Harmonie schenkt mir innere und äußere Ausgeglichenheit.*

Mustard (21), Ackersenf

Tiefe Traurigkeit. Anwandlungen von Schwermut kommen und gehen plötzlich, ohne Ursache. Unter solchen Bedingungen ist es fast unmöglich, sich glücklich oder heiter zu fühlen und das auch seinen Mitmenschen zu vermitteln.

Helfender Gedanke: *Helles, heiteres Licht hilft mir, Harmonie und Freude zu spüren und auszustrahlen.*

Chestnut Bud (7), Knospe der Rosskastanie

Es tauchen immer wieder die gleichen Fehler auf, weil aus Erfahrungen nicht gelernt wurde.

Helfender Gedanke: *Ich erkenne meine Verhaltensmuster und Fehler und bin bereit, daraus etwas Neues zu lernen.*

Noch ein Praxisfall

»Ich bin so erschöpft, dass ich jeden Augenblick losheulen könnte«, erklärte mir eine junge Frau, Mutter eines lebhaften Buben. Sie hatte ihre ganzen Ersparnisse und zusätzlich einen Kredit ihrem Lebenspartner für dessen Geschäftsaufbau überlassen. Doch der geschäftliche Erfolg blieb aus. Der Kredit musste zurückbezahlt werden, und so arbeitete sie doppelt so viel, kümmerte sich nebenbei um ihren Sohn und den Haushalt.

Sie hätte sich gern von diesem Mann getrennt, doch hatte sie jetzt kein Geld und vor allen Dingen keine Kraft mehr, noch mal von vorn anzufangen und aus der gemeinsamen Wohnung auszuziehen.

Ganz offensichtlich befand sie sich im »Olive«-Zustand. Nach dem Heilblüten-Farbkarten-Test stellte sich heraus, dass sie noch Chestnut Bud (Knospe der Rosskastanie) und Mustard (Ackersenf) brauchte.

Sie hatte viele Warnungen vor der kommenden Erschöpfung ignoriert und sich einfach übernommen. Wie sich bei der Anamnese herausstellte, liefen ihre Partnerschaften stets ähnlich ab. Sie verausgabte sich für den Partner, war dann geschwächt und sogar zeitweise depressiv.

Aufgrund der Einnahme von Olive, Chestnut Bud und Mustard erkannte sie, dass sie noch nie ihre eigenen Wünsche respektiert hatte. Sie hatte nun die Kraft, beruflich umzusatteln und ihrer Berufung nachzugehen, gewann ihre Lebensfreude wieder und war in der Lage, ihre eigene Persönlichkeit kreativ umzusetzen.

Zur Unterstützung wurde ihr empfohlen, einen türkisfarbenen Untersetzer für ihr Trinkwasserglas zu verwenden. Dies half ihr zusätzlich, die innere Wahrheit zu erkennen und zu leben und mit Klarheit neu anzufangen.

4. Aus Einsamkeit zum Einssein finden

Dr. Bach hob bei den drei Blütenessenzen dieser Gruppe folgende Anwendungen hervor:

Water Violet:	selbst gewählte bzw. selbstsichere Einsamkeit
Impatiens:	ungeduldige bzw. unduldsame Einsamkeit
Heather:	unglückliche Einsamkeit

Abgekürzte Bedeutung der Heilblüten zur 4. Gruppe und die jeweils helfenden Gedanken

PRAXISFALL

Ein ruhiger, höflicher und mutiger Mann mit starken Gelenkschmerzen, vor allem im Nacken- und Schulterbereich, die seit zwei Jahren verschieden behandelt wurden, erschien im Kurs und dann in der Praxis. Seine Hände waren steif und schmerzten. Das Gehen verursachte große Schwierigkeiten, da die Knöchel und Fußgelenke stark angeschwollen waren. Trotz dieser gravierenden Probleme ertrug der Mann alles mit Gelassenheit und unglaublicher Ruhe. Er erzählte, dass er es hasse, Entscheidungen zu fällen, stehe aber zu allen Dingen, habe aber oft nicht die Kraft, seinen Angestellten unangenehme Dinge zu sagen oder sie zu etwas außerhalb der Reihe um Unterstützung zu gewinnen. Er wird von allen Mitarbeitern als seelischer Müllabladeplatz geschätzt. Er sehne sich nach Ruhe, um eigentlich allein zu sein, nehme aber jedes Mal seine Frau mit, weil er sich sonst einsam fühlen würde.

Dies sprach für Water Violet (Sumpfwasserfeder) und Heather (Heidekraut), das ihm 15 Tage gegeben wurde. Er fühlte sich danach bedeutend besser. Nach einem Nordic-Walking-Tag erschien er wieder, voller Ungeduld und einer gewissen Unsicherheit und

Instabilität. Er erhielt Scleranthus (Einjähriger Knäuel) aus der Gruppe 2 und Impatiens (Drüsentragendes Springkraut) gegen die Ungeduld. Nach zwei Monaten waren die Hände, der Schulterbereich sowie die Fußgelenke wieder voll beweglich und schmerzfrei. Beruflich konnte er sich wieder durchsetzen und so einen Neustart erleben.

Water Violet (34), Sumpfwasserfeder

Innerliches Zurückziehen. Solche Menschen stehen über den Dingen, lassen andere in Ruhe und gehen ihre eigenen Wege; oft sind sie klug und talentiert. Ihre Ruhe und ihr innerer Frieden können ein Segen für die Umwelt sein.

Helfender Gedanke: *Leben ist Geben und Nehmen. Ich kann Hilfe und Liebe geben und ich kann sie auch annehmen.*

Impatiens (18), Drüsentragendes Springkraut

Ungeduld und leichte Gereiztheit. Neigung zu überschießenden Reaktionen.

Helfender Gedanke: *Alle Dinge haben ihre Zeit. Ich öffne mich gelassen für meine Zeit.*

Heather (14), Heidekraut

Oft selbstbezogen und völlig mit sich beschäftigt. Publikum ist oft nötig. Können es nicht haben, wenn sie auch nur kurze Zeit allein sein müssen.

Helfender Gedanke: *Mein bester Freund ist meine eigene Seele. Ich bin eins mit ihr.*

5. Überempfindlichkeit durch Hören auf die eigene innere Führung überwinden

Dr. Bach stellte bei den vier Blütenessenzen dieser Gruppe folgende Schwerpunkte fest:

Agrimony:	Überempfindlichkeit aufgrund eines zu starken Harmoniebedürfnisses
Centaury:	Überempfindlichkeit aufgrund von Übereifer bzw. unangemessener Opferbereitschaft
Walnut:	gelegentliche Überempfindlichkeit bei einem ansonsten in sich ruhenden, stabilen Menschen
Holly:	Überempfindlichkeit aufgrund eines bisweilen negativ gestimmten Gemüts

Abgekürzte Bedeutung der Heilblüten zur 5. Gruppe und die jeweils helfenden Gedanken

PRAXISFALL

Ein ca. 50-jähriger Mann, aktiv und ruhelos, war sehr lebhaft und suchte Aufregung und Anregung. Er verbarg seine Sorgen und Schwierigkeiten hinter einer Maske von Fröhlichkeit.

Schon seit vielen Jahren versuchte er, diese Maske zu tragen mithilfe von Alkohol, der mehr und mehr und hochprozentiger wurde. Dadurch hatte er auch fast nichts mehr gegessen. Die schlaflosen Nächte verbrachte er voller Sorgen.

Bei meinem Hausbesuch befand er sich in einem fast komatösen Zustand, hatte einen extrem hohen Puls und zeigte keinerlei Reaktion auf meine Worte.

Er erhielt Agrimony (Odermennig). Seine Frau gab ihm die Tropfen alle halbe Stunde direkt in den Mund. Schon nach 45 Minuten fiel er in einen natürlichen Schlaf. Nach der zweiten Dosierung (jeweils 5 Tropfen) konnte er das erste Mal seit Langem sieben Stunden durchschlafen.

Er bekam Agrimony für weitere drei Monate, um den Sorgen und den Problemen entgegenzuwirken. Langsam fand er in den Alltag zurück und wurde gelassener. Agrimony nahm er die nächsten zwei Jahre, täglich morgens 5 Tropfen. Heute, nach drei Jahren, ist er anfallfrei und braucht keinen Alkohol mehr.

Agrimony (1), Odermennig

Quälende Gedanken und Gefühle zusammen mit innerer Unruhe werden hinter einer Fassade verborgen. Oft missbrauchen sie Alkohol oder Drogen, um sich zu stimulieren und sich so scheinbar zu helfen, ihre Prüfungen fröhlich zu ertragen.

Helfender Gedanke: *Entwicklung bedarf auch der Festigkeit. Ich bin liebevoll und fest zugleich.*

Centaury (4), Tausendgüldenkraut

Es fällt schwer, Nein zu sagen, da eine Schwäche des eigenen Willens vorliegt. Daraus entsteht eine Überreaktion auf die Wünsche anderer.

Helfender Gedanke: *Meine Lebensaufgabe ist es wert, dass ich sie erkenne und mich ihr bewusst zuwende.*

Walnut (33), Walnuss

In einer Phase des inneren Wandels und des Neubeginns und einschneidender Veränderungen lässt man sich verunsichern. Diese Blütenessenz bietet Beständigkeit und Schutz vor äußeren Einflüssen.

Helfender Gedanke: *Ich bin offen für den Austausch mit anderen und bleibe doch auf meinem Weg.*

Holly (15), Stechpalme

Aggressives Reagieren gepaart mit Misstrauen, Eifersucht, Neid- und Hassgefühlen.

Helfender Gedanke: *Das Leben gibt jedem das Seine. Ich öffne mich für das Meine.*

Praxisfall

Ein etwa 50-jähriger erfolgreicher Geschäftsmann klagte über einen Tennisellbogen. Beim Heilblüten-Farbkarten-Test wählte er bei den dreifarbigen Affirmationskarten Centaury (Tausendgüldenkraut) und Holly (Stechpalme).

Auf meine Frage, wem er eigentlich grolle, antwortete er: »Eigentlich bin ich wütend auf meine Frau. Ich liebe sie, aber ich kann es nicht verkraften, dass sie im Beruf erfolgreicher ist als ich. Sie kann sich viel besser durchsetzen. Sie lässt sich nichts gefallen und weiß ihre Ziele und Ideen genau umzusetzen. Einerseits bewundere ich meine Frau, andererseits bin ich eifersüchtig.«

Als Therapie erhielt er Centaury und Holly für drei Wochen, und ich wies ihn in die Übung »Rosa Wolke« ein (siehe »Think Pink« im Literaturverzeichnis, S. 233), um verzeihen zu können und – vor allen Dingen – um die Kraft zu haben, sich neidlos am Erfolg anderer zu erfreuen, und um überpersönlich lieben zu können.

Nach der folgenden Übung und der Einnahme der Heilblüten-Essenzen war er beschwerdefrei.

Übung

- *Stellen Sie sich vor, Sie öffnen die Tür Ihres Herzens und lassen eine rosa Wolke herausströmen. Diese rosa Wolke zieht genau zu dieser Person hin, mit der Sie Schwierigkeiten haben. Sie beobachten, wie die rosa Wolke den Körper der anderen Person vollkommen ausfüllt.*

- *Dann schließen Sie Ihre eigene Herzenstür wieder.*

- *Sie sollten diese Übung mindestens einmal täglich für drei Minuten durchführen. Der Erfolg wird sich einstellen!*

6. Mit Dankbarkeit Mutlosigkeit und Verzweiflung heilen

Dr. Bach stellte bei den acht Blüten dieser Gruppe folgende Merkmale in den Mittelpunkt (es wird nur Verzweiflung genannt, die Aussagen beziehen sich aber genauso auf Mutlosigkeit):

Larch:	Verzweiflung aufgrund von Minderwertigkeitsgefühlen
Pine:	Verzweiflung aufgrund von grundloser Schuldsuche nur bei sich
Elm:	gelegentliche Verzweiflung aufgrund von Überforderung bzw. Überlastung
Sweet Chestnut:	Verzweiflung aufgrund völliger Erschöpfung aller Reserven
Star of Bethlehem:	Verzweiflung durch plötzliche belastende Umstände oder Nachrichten

Willow:	Verzweiflung aufgrund von Wehleidigkeit
Oak:	gelegentliche Verzweiflung aufgrund von zu großem persönlichem Einsatz
Crab Apple:	Verzweiflung aufgrund geistiger und/oder körperlicher Verunreinigung/Vergiftung bzw. verzweifelter Versuch der verschiedenen Körper, sich zu reinigen

*Abgekürzte Bedeutung der Heilblüten zur 6. Gruppe und die jeweils helfenden Gedanken**

PRAXISFALL

Ein halbwüchsiger junger Mann hatte seit Kindergartenalter epileptische Anfälle. Interessanterweise waren sie nicht periodisch. Es gab monatelange Pausen, und dann traten sie wieder zwei- bis dreimal wöchentlich auf. Körperlich war der junge Mann gesund. Seine Familie hatte aber Sorge, dass er außerhalb Anfälle bekommen könnte. Er fühlte sich unterfordert, wurde interesselos und verlor nach und nach sein Selbstvertrauen.

Ihm wurden in der Praxis folgende Mittel verabreicht: Larch (Lärche) wegen der Minderwertigkeitsgefühle, Walnut (Walnuss) zum Schutz und zur Erlangung von Kraft, um seine Wünsche zu verfolgen, Scleranthus (Einjähriger Knäuel) wegen der unausgeglichenen geistigen Harmonie und Balance und Clematis (Waldrebe) gegen das Desinteresse und die Anfälle mit Bewusstlosigkeit.

Mit jedem Tag ging es ihm besser. Zwischendurch erhielt er Centaury (Tausendgüldenkraut) wegen zu großer Gutmütigkeit und Wild Oat (Waldtrespe) wegen Unschlüssigkeit über den Lebensweg. Nach einem knappen halben Jahr konnte er eine Arbeits-

*siehe Literaturverzeichnis

stelle annehmen. Er gewann sein Selbstwertgefühl zurück. Die Anfälle tauchten nicht mehr auf.

Larch (19), Lärche

Starkes Minderwertigkeitsgefühl und Erwartung von Fehlschlägen. Diese Menschen wagen nichts und unternehmen auch keine wirklich kraftvollen Anstrengungen, um Erfolg zu haben.

Helfender Gedanke: *Das Leben liebt und will mich so, wie ich mit seiner Energie und meiner Bemühung werden kann.*

Pine (24), Föhre

Schuldgefühle und Selbstvorwürfe, man denkt, für alles verantwortlich zu sein.

Helfender Gedanke: *Ich ordne Fehler richtig ein. Ich lerne, mich auch am Unvollkommenen zu freuen.*

Elm (11), Ulme

Es besteht das Gefühl, seiner Verantwortung nicht gewachsen zu sein, und der Glaube, dass die angestrebte Aufgabe zu schwierig und nicht mit menschlichen Kräften zu bewältigen sei.

Helfender Gedanke: *Ich höre auf meinen inneren Ruf und folge ihm.*

Sweet Chestnut (30), Edelkastanie

Dr. Bach: »Für Augenblicke, wenn die Verzweiflung unerträglich scheint; wenn Geist und Gemüt spüren, dass man bis zur äußersten Grenze der Belastbarkeit gegangen ist und jetzt daran zu zerbrechen droht; wenn es so aussieht, als ob man nichts als Zerstörung und Vernichtung zu erwarten hat.«

Helfender Gedanke: *Ich darf loslassen, um mich von den kosmischen Energien tragen zu lassen.*

Star of Bethlehem (29), Goldiger Milchstern

Es entsteht das Gefühl, dass die Grenzen dessen, was ein Mensch ertragen kann, nun erreicht sind. Innere Ausweglosigkeit und Verzweiflung.

Helfender Gedanke: *Meine Seele findet Trost im inneren Licht.*

Willow (38), Weide

Das Gefühl von Ausgeliefertsein und Machtlosigkeit gegen äußere Umstände mit Verbitterung und dem Gedanken, Opfer des Schicksals zu sein.

Helfender Gedanke: *Ich sammle neue Kraft, um mein Leben bewusster und glücklicher zu führen.*

Oak (22), Eiche

Dr. Bach: »Für diejenigen, die sich anstrengen und sehr darum kämpfen, gesund zu werden; die sich im Alltag sehr anstrengen und kämpfen und eines nach dem anderen versuchen, obwohl ihr Fall hoffnungslos erscheinen mag. Sie fahren trotzdem fort zu kämpfen und sind mit sich selbst unzufrieden, wenn sie durch Krankheit in ihren Pflichten oder bei der Hilfe für andere behindert werden. Es handelt sich um tapfere Menschen, die gegen große Schwierigkeiten ankämpfen, ohne die Hoffnung zu verlieren oder in ihren Bemühungen nachzulassen.«

Helfender Gedanke: *Ich spüre Kraft in mir und zugleich gelassene Heiterkeit.*

Crab Apple (10), Holzapfel

Das ist das Reinigungs- und Entgiftungsmittel. Es ist für jene Menschen, die spüren, dass sie etwas Unreines an oder in sich haben. Gefühl von Hässlichkeit. Jedoch auch Hang zum Perfektionismus. Sie neigen zur Verzweiflung, wenn eine Behandlung oder ein Versuch versagt. Dieses Mittel kann auch Wunden reinigen, falls der Patient Anlass hat zu glauben, dass irgendein Gift in seinen Körper eingedrungen ist, das entfernt werden muss (auch gedanklich und mental).

Helfender Gedanke: *Alles Dunkle, Schwere, Unreine atme ich aus. Ich atme Klarheit, Reinheit und Zuversicht ein.*

Praxisfall

Eine selbstbewusst wirkende Frau, bisher erfolgreich im Beruf, litt in regelmäßigen Abständen an Ischiasbeschwerden und großer Traurigkeit; speziell bei Vollmond stand sie völlig »daneben«. Ihre Menstruationsblutungen waren sehr stark. Sie hatte bereits zwei Fehlgeburten erlitten und eigentlich alles gut verkraftet und geistig angenommen. Trotzdem war in ihr immer noch, nach drei Jahren, große Trauer. Bei ihren bisherigen schmerzhaften Ischiasanfällen, die ihren natürlichen Bewegungsdrang fast lähmten – körperlich, geistig und emotional –, halfen ihr Neuraltherapie und Vitamin B. Oft nahm sie auch Schmerztabletten.

Bei einem Besuch bei mir – sie startete einen erneuten Anlauf zur Therapie – erhielt sie Star of Bethlehem (Goldiger Milchstern), Crab Apple (Holzapfel) und Oak (Eiche).

Sie nahm diese Mischung etliche Wochen ein. Bei erneuter Visite knapp ein Jahr später berichtete sie, dass keine Schmerzen mehr aufgetreten waren.

Zusätzlich sollte sie ihr Glas Wasser auf einen violetten Untersetzer stellen und von dem Wasser täglich mehrere Gläser trinken.

Ich riet ihr, abwechselnd das Glas Wasser auf einen orangefarbenen Untersetzer zu stellen, um die Traurigkeit zu vertreiben.

7. Übertriebene Fürsorge für andere durch Unterscheidungskraft auflösen

Bei den fünf Blütenessenzen der Gruppe »Übertriebene Fürsorge für andere« stellte Dr. Bach folgende Merkmale in den Vordergrund:

Chicory:	übertriebene Fürsorge um andere, weil man sich selbst nicht genug ist
Vervain:	missionarisch begründete Überfürsorge; »Helfersyndrom«
Vine:	übertriebene Fürsorge einer autoritären Persönlichkeit, mit der Meinung, andere sollten die gleichen Ziele haben
Beech:	übertriebene Fürsorge, um eigene Harmonierwartungen zu erfüllen
Rock Water:	idealistisch begründete Überfürsorge mit einer Disziplin ohne Lebensfreude

*Abgekürzte Bedeutung der Heilblüten zur 7. Gruppe und die jeweils helfenden Gedanken**

PRAXISFALL

Ein Mann kam wegen plötzlicher und heftiger Hüftschmerzen zu mir. Er konnte vor Schmerzen weder laufen noch bequem sitzen oder gar ruhig liegen. Er hatte sich im täglichen Beruf ungeschick-

*siehe Literaturverzeichnis

terweise ziemlich geärgert. Er war schlaflos geworden aufgrund der Schmerzen und dadurch extrem reizbar. Diese Schmerzen liefen entlang des Oberschenkels über die Wade bis zum Knöchel. Besonders nachts war es fast unerträglich.

Ihm wurde Vervain (Eisenkraut) gegeben wegen seiner Gereiztheit und Überspanntheit. Außerdem erhielt er aufgrund des Heilblüten-Farbkarten-Tests Larch (Lärche), um ihm seine Zuversicht zurückzugeben, Mimulus (Gefleckte Gauklerblume), um seine Ängste zu beseitigen, und wegen der entstandenen Ungeduld Impatiens (Drüsentragendes Springkraut). Innerhalb von zehn Tagen waren die Schmerzen im Oberschenkel und in der Hüfte verschwunden. Er konnte endlich wieder erquickend schlafen, aber die Wade und der Knöchel schmerzten noch.

Ein erneuter Test ergab, dass er jetzt Beech (Buche) und Chicory (Wegwarte) nehmen musste. Beech (Buche), weil er es gut meinte, auch wenn er überall herumkritisierte, und Chicory, weil er immer noch leicht gereizt war und beachtet bzw. ernst genommen werden wollte. Nach weiteren drei Wochen hatte er keine Beschwerden mehr.

Chicory (8), Wegwarte

Besitzergreifende Persönlichkeitshaltung, bewusste und unbewusste Einmischung in die Angelegenheiten anderer.

Helfender Gedanke: *»Ich kann mich selbst lieben. Ich erkenne, dass sich jeder Mensch nach seinem individuellen Lebensplan entwickeln muss.«*

Vervain (31), Eisenkraut

Im Übereifer, sich für andere Dinge einzusetzen, wird Raubbau der eigenen Kräfte getrieben. Missionseifer und Fanatismus. Macht noch weiter, wenn andere ihre Pflichten längst aufgegeben haben.

Helfender Gedanke: *»Energien fließen in mir. Ich halte mich offen für neue Impulse, die das Leben bringt.«*

Vine (32), Weinrebe

Der eigene Wille soll durchgesetzt werden. Probleme mit Macht und Autorität.

Helfender Gedanke: *»Ich lerne zu unterscheiden, wann ich loslassen und wann ich anpacken muss.«*

Beech (3), Rotbuche

Übergroße Toleranz. Unfähigkeit, Menschen einzuschätzen, oder Kritiksucht aus Liebe oder man sieht zu sehr über die Fehler anderer hinweg.

Helfender Gedanke: *»Jeder Mensch trägt Verantwortung für sein eigenes Leben. Ich lerne zu erfahren, was meine Verantwortung ist.«*

Rock Water (27), Heilquellwasser

Hart gegen sich selbst, strenge und starre Ansichten. Eigene Bedürfnisse werden unterdrückt, Selbstgerechtigkeit.

Helfender Gedanke: *»Die farbige Vielfalt des Lebens ist Ausdruck schöpferischer Freude. Ich lasse kreative Freude auch in mir fließen.«*

***

Der helfende Gedanke für das Erste-Hilfe-Mittel lautet:

»Ich spüre, wie göttliche Kräfte helfen und führen.«

E) Mit Bachblüten Gedanken und Gefühle heilen

1. Stellen Sie fest, wie Ihr Gefühlszustand ist. Erforschen und erkennen Sie, unter welchen Gefühlen Sie derzeit leiden oder welche Gedanken zurzeit durch Ihren Kopf kreisen.

2. Es kann durchaus sein, dass Sie nicht nur unter einem bestimmten Gefühl leiden, sondern unter einer Kombination von zweien oder dreien.

3. Stellen Sie sich nun auf die Schwingungen und die Kräfte ein, die jeweils zur Hauptgruppe gehören – auf die heilenden Gedanken und Farben.

4. Suchen Sie als Nächstes eine oder maximal drei Blütenbeschreibungen heraus, die auf Sie und Ihren derzeitigen Gemütszustand, der sie blockiert, zutreffen.

Zu den einzelnen Blüten gibt es jeweils einen speziellen Heilgedanken.

5. Sie haben also zunächst Ihre ein, zwei oder maximal drei gegenwärtigen Gefühlsprobleme festgestellt, haben dazu generelle Hinweise über Ihre Blockaden und Ursachen des Mangels an Energie gefunden.

Wenden Sie die Gedankengänge an und nutzen Sie die Erkenntnisse.

6. Nehmen Sie auch die entsprechenden Tropfen der Blütenessenzen ein.

Bei der Arbeit mit diesen energetischen Kräften geht es um eine unmittelbare Entfaltung Ihres Bewusstseins.

Sie sind es, der sich mit weiser Liebe, aktiver Intelligenz, neuer Kreativität, konkretem Wissen beschäftigen kann. Sie sind es, der Urvertrauen oder Unterscheidungskraft entwickeln muss, der »Ich lebe« sagen, denken, fühlen und verwirklichen muss.

Diese Bewusstseinsentwicklung legt den Grundstein nicht nur für die Ganzheitlichkeit jetzt, sondern für ein glücklicheres und erfülltes Leben.

- Selbsterkenntnis einschließlich der Erkenntnis der körperlichen und persönlichen Zeitlichkeit und der geistigen Ewigkeit ist nicht nur die Voraussetzung für eine dauerhafte Heilung der Gefühle und Gedanken, sondern für ein freudvolles und mitfühlendes Leben.

F) Grundregeln der Ernährung

»Du bist, was du isst!« ist ein alter Spruch aus dem Volksmund. Und wie wahr!

Es gibt Nahrung gegen Stress, zur Heilung, kurzum für die gute Laune!

Mithilfe einfacher Grundregeln können Sie gesund und fit – geistig und körperlich – bleiben oder werden. Es ist nie zu spät, dadurch mehr Lebensfreude und eine gute Gesundheit zu erlangen.

Frischkost ist einfach die energiereichste Ernährung. Dazu sind einige Tipps zu beachten:

1. Salate und Gemüse sollten mit hochwertigem Eiweiß (wie Nüssen) und Fett (kalt gepresstem Öl) kombiniert werden, um für eine ausgeglichene Ernährung zu sorgen.

2. Sehr wichtig ist, dass Früchte am Baum reif werden, denn nur so erhalten sie die notwendige Licht- und Sonnenenergie, um diese Lichtenergie an uns weitergeben zu können. Dadurch werden wir mit allen Aminosäuren, Mineralstoffen, Vitaminen und Spurenelementen versorgt – und es schmeckt auch am besten!

3. Für unseren Organismus ist Obst besonders reinigend, da die organische Säure den Körper entschlackt und somit die überflüssigen Stoffe hinausbefördern kann.

4. Der Verzehr von Obst klärt die Haut und lässt sie rosig und transparent wirken. Die Elastizität der Muskeln wird entwickelt und beibehalten. Die Hirntätigkeit wird angeregt. Früchte sind einfach die Garantien für Gesundheit.

5. Um das beste Ergebnis zu erzielen, sollten Sie Obst frühmorgens auf nüchternen Magen essen. Die Kombination mit anderen Nahrungsmitteln ist möglichst zu vermeiden, da sonst die im Darm bereits vorhandene Nahrung zu viel Gärung entwickelt, was wiederum für das Herz nicht so günstig ist.

6. Eine gute Kombination sind saure Früchte (Beeren, Orangen, Ananas, Limonen, Zitronen) zusammen mit Nüssen.

7. Die süßen Früchte (Datteln, Bananen, Feigen) sollten allein gegessen werden. Auch Melonen sollten unbedingt allein gegessen werden, da sie schneller verdaut werden als die anderen Lebensmittel, und eine unliebsame Gärung wäre die Folge.

8. Stark kohlehydrathaltige Lebensmittel wie Kartoffeln, Vollwertgetreide und andere kohlehydratreiche Gemüsesorten wie Karotten, Rote Bete, Maronen harmonieren bestens mit Salaten und allen Kohlarten, besonders Grünkohl, sowie mit Gurken, Zucchini, Sellerie, Pilzen, Rettich und keimenden Sprossen.

9. Nach 15 Uhr sollte tierisches Eiweiß, auch Hartkäse, möglichst nicht mehr gegessen werden. Die Körperenzyme sind dann nämlich nicht mehr in der Lage, die Nahrung ordnungsgemäß zu ver-

arbeiten, als Folge treten Fäulnis- und Gärungsblähungen ein. Zu viel Eiweiß ist für den menschlichen Körper schädlich. Neben den nicht so gut riechenden Darmausscheidungen entstehen giftige Substanzen wie Phenole, Kresole, Ammoniak oder Schwefelwasserstoffe, die als Zellgifte oft beträchtliche Schäden im Organismus verursachen. So wirken sich tierisches Eiweiß und Eier auf Kreislauf und Blut ungünstig aus.

Viele Bypassoperationen und die so schmerzhaften rheumatischen Beschwerden könnten vermieden werden, wenn möglichst wenig tierisches Eiweiß in der Nahrung aufgenommen oder darauf weitgehend verzichtet wird. Zahlreiche Ekzeme, Allergien, Gelenkschmerzen, depressive Verstimmungen, Migräne, Darmentzündungen und Leberschäden treten als Folge auf.

10. Achten Sie darauf, dass Ihr Organismus nicht übersäuert. Die häufigste Ursache dafür sind Süßigkeiten, Fleisch, Frittiertes (Pommes frites), zu viel Bohnenkaffee, zu viel schwarzer Tee, Brot, Semmeln und Weißmehlgebäck.

    Ein Übermaß an solchen säurebildenden Nahrungsstoffen führt zu gestörter Verdauung und Gärungs- und Fäulnisprozessen im Darm. Dies führt zu einer gestörten Enzymatik. Fermente oder Enzyme sind Biokatalysatoren, die unter anderem die Aufgabe haben, Nahrungsmittel aufzuspalten, Giftstoffe zu entfernen und den Zellstoffwechsel aufrechtzuerhalten.

    Nach Dr. Fletscher sollte die Nahrung 33-mal gekaut und eingespeichelt werden, sodass sie vom eigenen Speichel verflüssigt wird. Die im Speichel enthaltenen Enzyme sind notwendig zur Voraktivierung des Verdauungsprozesses.

11. Weißer Zucker und weißes Mehl sind möglichst zu vermeiden. Der Zucker für geistige und körperliche Aktivität sollte nur aus dem in der Nahrung enthaltenen Fruchtzucker bezogen werden.

12. Ungünstig für die Lebensenergie sind zu viel Alkohol, Tabak und Drogen.
    Am besten wäre es, ganz darauf zu verzichten.
    Aufregung, Stress, zu wenig Zeit für Meditation und Entspannung sowie Spaziergänge an der frischen Luft und vor allem zu wenig Schlaf sind auf die Dauer wie Gift für den Körper.

Ganz allgemein gilt folgende Übersicht:

Reine Nahrung

Mit dieser Art von Essen wird volle Energie erzeugt, Aktivität, Zielstrebigkeit, Ausgeglichenheit, Balance, Stabilität und maßvolle Heiterkeit.

Hierzu gehören Gemüse, Getreide und Reis, Bohnen, Hülsenfrüchte, Obst und Nüsse sowie Milch, Öle, Honig, Butter und Käse, gute Öle, Honig – alles in Maßen genossen.

Das Essen sollte frisch und saftig sein, nahrhaft, es sollten keine toten Esswaren verwendet werden.

Es heißt, diese Art von Nahrung hält Herz und Verstand von Unreinheiten frei.

Stimulierende Nahrung

Dies bezieht sich vor allem auf Saures und Bitteres, Pfeffer, Gewürze, Spezereien, zu Scharfes und zu Salziges, zu viel Alkohol und Fleisch, zu viel Koffein und minderwertige Fette.

Diese Nahrung regt die Sinne an.

Abstumpfende Nahrung

Abstumpfung ist etwas, was Sie sicher vermeiden wollen. Denn auf abstumpfende Nahrung reagiert der Organismus mit Energielosigkeit, Ziellosigkeit, Faulheit, Trägheit, Feigheit, Gier und Unbeweglichkeit.

Dazu zählen vor allem zu alt gewordene Speisen, Fleisch, Fisch, Geflügel, Eier und alkoholische Getränke, Konserven, Wurst, weil darin meist zu viel Schweinefleisch enthalten ist.

Diese Nahrung macht nicht nur träge und faul, die Kreativität ist in weiter Ferne. Eier stumpfen übrigens den Geist ab.

Doch hin und wieder ein Gläschen hat noch keinem geschadet!

Nahrungsaufnahme und Ihre Stimmung

Nahrung kann anregend oder beruhigend wirken, fröhlich, lustlos oder aggressiv machen. Denken Sie beim Knabbern daran und ersetzen Sie Torten, Chips, Popcorn oder Frittiertes durch Trockenfrüchte, Nüsse oder Gemüsestreifen.

Knabbern und Kauen sind besonders sinnvoll bei Stress. Sie können damit Ihren Frust abknabbern.

Auch ist es sinnvoll, möglichst naturgewachsene Früchte, die unter natürlichem Sonnenlicht gereift sind, zu sich zu nehmen. Je mehr Sonnenlicht die Lebensmittel getankt haben, desto gesünder ist es für Sie! Der gespeicherte Lichtanteil wirkt sich positiv auf die Informatik in Ihrem Körper aus! Den größten Lichtanteil haben Olivenöl, Kernobst, Nüsse und Aloe vera. Aber im Grunde eben alles, was unter Sonnenlicht gereift ist.

Täglich sollten Sie zwischen 2 bis 2 ½ Liter Flüssigkeit oder Wasser trinken.

Auch die Farbe des Essens spielt eine große Rolle.

Vielleicht brauchen Sie ja mal rote Äpfel statt gelbe oder grüne. Oder zum Appetitanregen orange Karotten oder zum Abnehmen blaue Früchte.

Hierzu gibt es ein sehr fröhliches Buch: *Gute Laune kann man essen* (siehe Literaturverzeichnis).

G) Farb- und Lichttherapie

Vielleicht kennen Sie das: Sie betreten eine Wohnung und fühlen sich wohl. Sie machen sich keine Gedanken darüber, doch Sie spüren, dass die Atmosphäre angenehm ist.

Viele von Ihnen wissen, dass für verschiedene Anlässe traditionell bestimmte Farben vorgesehen sind – Weiß wird in unserer Kultur als Farbe der Unschuld bezeichnet, Schwarz als Farbe der Trauer.

In der Werbung wird gezielt mit Farben gespielt, doch auch beim Bau von Tunneln oder Fabrikgebäuden wird zunehmend mit Farben gearbeitet, in Kliniken werden Farben für Heilzwecke eingesetzt.

Farben können wohltuend, aber auch niederdrückend wirken, und so ist es kein Wunder, dass bereits frühere Kulturen sich mit der Wirkung von Farben beschäftigt haben. Die Wissenschaftler im alten Ägypten, im Iran, in China und vor allem in Indien interessierten sich für die Wirkung von Licht und Farbe, und seit Sir Isaac Newton und Marcello Marci im 17. Jahrhundert existiert das physikalische Gesetz der Zerlegung des Lichts in Spektralfarben.

Zahlen, Daten, Fakten

1903 erhielt Niels Finssen den Nobelpreis, weil er nachwies, dass Licht die Pocken und die Tuberkulose heilen kann. Der russische Biochemiker Alexander Gurwitsch (1922) und der spätere Nobelpreisträger Denis Gabor (1971) bestätigten die Messungen aufgrund von Quarzglasversuchen.

Der deutsche Wissenschaftler Paul Ehrlich arbeitete mit bestimmten Farbstoffen, um Bakterien zu beeinflussen, was zur Einführung von Salvarsan in der Chemotherapie führte.

Dr. John Ott, USA, stellte fest, dass Viren durch Stoffwechselstörungen entstehen, die durch Lichtmangel verursacht werden.

Die italienischen Wissenschaftler Colli und Facchini konnten nachweisen (1954), dass Keimlinge von Getreide, Linsen und Bohnen Licht aussenden, und zwar vom grünen bis zum roten Farbenspektrum. In der neueren Zeit entwickelte das russische Ehepaar Semjon und Valentin Kirlian die Elektrofotografie im Hochfrequenzfeld.

Nur wenn Leben vorhanden ist, kann Licht gemessen werden. Aufgrund der energetischen Lichtabstrahlung sind Diagnoseaussagen möglich. Dr. Fritz Popp hat sehr viel wissenschaftliche Pionierarbeit in Bezug auf die Arbeit mit Licht und Photonen geleistet.

Anfang der Farbtherapie

Der Theosoph Jwala Prasada aus Benares veröffentlichte 1896 seine Erfahrungen und Empfehlungen über die Wissenschaft der Farbtherapie zum Heilen von Krankheiten. Bei uns ist Dinshah P. Gadiali (1873–1966) eher bekannt, dessen Gedankengut in der heutigen modernen Medizin Einzug gehalten hat.

Der Engländer und Anthroposoph Theo Gimbel oder Leadbeater beschäftigte sich mit Farbtherapie ebenso wie Rudolf Steiner, der allerdings die Farbenlehre von Johann Wolfgang von Goethe übernahm – die im Gegensatz zur Farblichttherapie steht. Bruno P. Schliephacke schrieb 1931 das Buch *Farbe und Heilweisen*, das in Deutschland als Grundwerk galt.

Aus dem San-Bernadino-Bewährungszentrum in Kalifornien berichtet Betty Ford, eine englische Farbtherapeutin, dass aggressive und gewalttätige Kinder in vollständig rosa ausgemalte Zimmer untergebracht wurden und dass sich diese Kinder nach einer Viertelstunde beruhigten und dann in den Schlaf fielen.

Auch Theo Gimbel berichtete von Farbphänomenen: In einer Londoner Ausstellung waren verschiedene Räume in verschiedenen Farben gestrichen worden. Merkwürdigerweise wurden nur aus dem gelben Raum Gegenstände gestohlen!

Aus eigener Erfahrung weiß ich, dass die Farbe Türkis sich als günstig erweist, um Diebe abzuhalten. Türkis steht für die innere Wahrheit. In einer Bank wurde dieser Ratschlag von mir erfolgreich umgesetzt – bis jetzt gab es dort noch keine Diebstähle.

In Deutschland ist Peter Mandel durch seine Farbpunktur und Anwendung der Kirlianfotografie bekannt geworden. Alle Therapeuten arbeiten mit der Kraft des Lichts als Informationsträger bzw. der Farbe, um die Ganzheit und somit die Harmonie für Körper, Geist und Seele wiederherzustellen.

Der Mensch als Informationsträger

Jeder Gedanke, jede Emotion, jedes Wort löst elektromagnetische Schwingungen aus, die als Information oder als Farbe wahrgenommen werden können. Negative Gefühle werden durch dunkle Farben sichtbar. Deshalb braucht ein schwermütiger und depressiver Mensch viel Licht und in der Farbtherapie zum Beispiel Orange.

Weil die Menschen Emotionen und Gedanken haben, die nicht immer vollkommen harmonisch sind, geht unsere anfänglich harmonische Ganzheit in ein Durcheinander über, die Farben des Lichts sind ungleichmäßig geworden.

Es ist wie mit dem Windrad der Kinder. Die bunten Farben bilden mit Wind ein ganzheitliches Weiß. So wäre auch unser Idealzustand.

Aus diesem Grund kann nun die richtige Farbe therapeutisch eingesetzt werden. Dabei kommt es darauf an, ob eine Farbe fehlt, zu wenig vorhanden ist oder sich ein Zuviel bemerkbar macht.

Einfache Hilfe durch Farbtherapie

a) Im täglichen Leben. Hier benutzen wir mehr oder weniger bewusst die richtige Farbe bei:

- Kleidung
- Beleuchtung
- Wohnungseinrichtung (Vorhänge, Kissen, Tapeten, Teppichböden usw.)
- Auto
- Wahl des Schmucks und der Edelsteine
- Nahrungsmittel und Getränke

b) In der psychosomatischen Therapie. Hier werden Farben eingesetzt:

- bei der Farbbestrahlung
- bei der Farbakupunktur
- mit Farbuntersetzer für die Getränke zum Aufladen
- mit farbigen Unterlagen auf Liegen oder Betten
- mit farbigen Massageölen oder farbigen Flaschen
- zur Visualisierung und Vorstufe zur Meditation

Natürlich sind der Kreativität beim Einsatz von Farben keine Grenzen gesetzt.

Leitcharakteristika der Farben*

- ***Rot** ist die kräftigste, wärmste und belebendste Farbe, wird gegen Müdigkeit eingesetzt, regt den Stoffwechsel an, fördert die Selbstbehauptung.*

*siehe auch Literaturverzeichnis

- ***Orange*** *hilft zur Entkrampfung, wirkt aufbauend und positiv, hilft bei Depressionen.*
- ***Gelb*** *wirkt befreiend, schenkt Behaglichkeit und Wärme, lässt alle Säfte fließen.*
- ***Lemon*** *hilft, chronische Beschwerden und Blockaden zu lösen.*
- ***Grün*** *neutralisiert, wirkt beruhigend und stärkt die Nerven, gilt als Heilfarbe schlechthin.*
- ***Magenta*** *steht für die Schwelle zwischen Leben und Tod, »Notfallfarbe«, um wieder etwas in Gang zu setzen.*
- ***Blau*** *beruhigt und kühlt.*
- ***Indigo*** *kann Schwellungen zum Schrumpfen bringen.*
- ***Türkis*** *ist ideal bei Elektrosmog, bei den heutigen Strahlungseinflüssen, verhilft zur inneren Wahrheit.*
- ***Rosa*** *hilft zu verzeihen, besonders für Herzensangelegenheiten geeignet.*
- ***Weiß*** *beinhaltet alle Farben, die Farbe der Reinigung und Klarheit.*
- ***Schwarz*** *ist die Abwesenheit von Farben, gilt als Farbe der Trauer, als Farbe der Eleganz und als Schutzfarbe (schwarze Kleidung nicht bei Ängsten und Depressionen tragen).*

***

Farben tragen wesentlich zum Wohlgefühl bei. Wenn nun Störungen im Allgemeinbefinden oder in Beziehungen auftreten, kann man anstehende Veränderungen gezielt durch Farben unterstützen. Es gibt zunehmend mehr Menschen, die wissen, wie wohltuend und gesundheitsfördernd Farben sein können. Nicht umsonst werden in

Biosaunen zusätzlich »Farbduschen« eingebaut und die Saunierenden mit den verschiedenen Farben bestrahlt.

»Erkenne dich selbst« steht in Delphi als Orakelspruch, und es könnte hinzugefügt werden: »Erkenne dich selbst und die Farbe, die du zum Wohlfühlen brauchst.«

23

Zum Schluss

Wir wissen nie, was im Leben auf uns zukommt, doch eines wissen wir – der Schlüssel zu einem erfüllten, zufriedenen und erfolgreichen Leben liegt in unseren Händen. Es kommt auf Ihre Einstellung an, wie Sie mit den äußeren Situationen umgehen. Sie können immer wieder Ihre positiven Ressourcen aktivieren und sich mit Ihren inneren Kräften verbinden.

Krisen und harte Zeiten haben eine besondere Bedeutung im Leben eines jeden Menschen. Genau diese Zeiten sind in Wahrheit ein Fortschritt im Lernen, denn hier wird der Grundstein für neue Stärken gelegt.

Mit dem Phoenix-Prinzip können Sie Altes loslassen und frisch, kraftvoll und mit erweitertem Bewusstsein Neues gestalten. Dabei lösen Sie sich von alten, überholten Selbstsabotageprogrammen und einschränkenden mentalen Fallen und öffnen sich für die Gegenwart. Sie übernehmen bewusst Verantwortung für sich und geben Ihrem Leben die Richtung, die für Sie stimmig ist.

Sie gewinnen auf diesem Weg:

- Selbstvertrauen, Selbstachtung und Mut
- Klarheit und Motivation
- Kraft und Energie
- Ausdauer

- Dankbarkeit
- Verständnis und Mitgefühl für sich und andere
- Lebensfreude und Lebendigkeit

Und das sind gute Voraussetzungen für ein erfülltes und erfolgreiches Leben.

Damit dieses Buch geschrieben werden konnte, bedurfte es vieler Kunden, Klienten und Patienten. Dafür sind wir jedem Einzelnen sehr dankbar. Wir bedanken uns bei Ihnen, dass Sie sich die Zeit für das Buch und die Übungen genommen haben, und freuen uns, wenn Sie daraus Anregungen für Ihr Leben, Ihre ganz persönliche Weiterentwicklung und Ihr Wohlbefinden mitnehmen können. Ein Buch kann natürlich kein Coaching und keine Behandlung ersetzen.

Wir bedanken uns bei all unseren Lehrern, die uns ermutigt haben, der Realität ins Auge zu blicken, auch wenn es nicht immer einfach war und ist!

Wir wünschen Ihnen, dass Ihre Welt für Sie schöner, angenehmer, mutiger und dadurch erfolgreicher wird. Und geben Sie Ihre Erfahrungen weiter, sodass auch andere davon profitieren können. Verbreiten Sie Mut, Mitgefühl und Freude und seien Sie dankbar, dass Sie geben können, mit Worten, Lächeln oder Taten.

Auch wir als Autorinnen hatten manchmal bei unserem wochenlangen Schreiben dieses Buches Blockaden zu lösen. Auch wir konnten einschränkende mentale Fallen und Glaubenssätze erkennen, sie lösen und haben uns für neue Möglichkeiten, das gemeinsame Ziel zu erreichen, geöffnet. Wir sind dankbar, dass wir selbst ausdauernd am Ball geblieben sind, uns gegenseitig unterstützt und voneinander gelernt haben. Es war für uns immer wieder eine Herausforderung, unsere unterschiedlichen Ansätze in Einklang zu bringen.

»Wie Phoenix aus der Asche ...« ist nicht nur eine Redensart. Das Phönix-Prinzip kann als Herausforderung verstanden werden, sich das ganze Leben weiterzuentwickeln, zu wachsen und zu reifen.

Wir wünschen Ihnen dazu viel Freude, Juice und Drive!

Wenn Sie mit uns in Kontakt kommen oder uns Feedback geben wollen – wir freuen uns darüber!

Ingrid K. von Rohr
ingrid.kraazvrohr@t-online.de

Gabi Pörner
Welcome@Tim-Training.de

24

Literatur

Literatur von Ingrid K. von Rohr

Farbtherapie – Das Basiswissen und praktische Anwendung, Nymphenburger, 2. Auflage, 2006

Farbtherapie aus der vegetarischen Küche – Gute Laune kann man essen, Nymphenburger, 2. erweiterte Auflage 2007/2008

Der Original Heilblüten-Farbkarten-Test, ein Test, um die verdeckten Emotionen zu entdecken und aufzulösen, Königsfurt-Urania, CH/D, seit 1992 Backlist

Meine Kraftfarben finden. Welche Farbe stärkt mich? Welche Farbe fehlt mir? ein einfacher Farbentest, Königsfurt-Urania, CH/D, 2006

Die Heilkräuter Karten – Teerezepte, Essenzen und Tinkturen für Beschwerden von A–Z, 78 Karten, Königsfurt-Urania, CH, seit 1993 Backlist

Meine tägliche Farbe – ganz einfach, 31 Karten zur Stärkung der Persönlichkeit für jeden Tag, AG Müller-Urania, 2008

Think Pink – positiv denken und leben mit Rosa, mit Farbtests, emotionaler Auflösungsmethode und Rezepten, Nymphenburger, 2005

Wenn die Umwelt krank macht, Vorsorge und Selbsthilfe durch Naturheilkunde, Knaur MensSana, 2005

Die richtige Schwingung heilt, das Praxisbuch für Bachblüten, Schüßlersalze, Farben und homöopathische Notfalltherapie, erweiterte und aktualisierte Auflage, Goldmann Arkana, 2007

Farb-Energie-Set, Farbuntersetzer zum Aufladen für Flüssigkeiten mit der jeweiligen Farbfrequenz, Eigenverlag 1994, Wrage-Versandbuchhandlung Hamburg

Die Farben deiner Seele, ein praktisches Handbuch mit 12-Farben-Test, erweiterte und erneuerte Auflage, Stb Verlag, 2007

Die Kraft und Magie der Farben, Ullstein, 2008

Praktischer Leitfaden Feng Shui, Gestalten Sie die richtige Umgebung für Gesundheit, Wohlbefinden und Erfolg. Schöpfen von Freude und Kraft aus ganzheitlichem Wohnen, mit Robert Hofmann, Nymphenburger, 1995

Innere Stärkung der weiblichen Kraft – eine Entspannungsreise durch die Chakren mit Farbzuordnung, CD mit Chaitanya Deuter und Jack Löffler, Wrage-Versandbuchhandlung Hamburg

Literatur von Gabi Pörner

Das gesunde Unternehmen, Body-Mind-Management, die neue Stufe der Unternehmensevolution, mit Manfred Martin, Langenmüller/Herbig 1999

Ja! Zur Karriere – Barrieren erkennen und überwinden, die beste Strategie für mehr Erfolg im Beruf, Walhalla Fachverlag 1998

Karriereplanung für Frauen, Heyne 1005

Lebe Deine Vision (Geschenkbücher mit Aphorismen): *Lebe Deine Freude*; *Lebe den Augenblick*; *Lebe Deine Liebe,* 2005

Literaturempfehlungen

Csikszentmihalyi, Mihaly: *Flow im Beruf*, Klett-Cotta, 2004

Dyckhoff, Katja, Grochowiak, Klaus: *Der Neugier-Erfolgs-Loop*, Junfermann, 2001

Gawain, Shakti: *Stell dir vor – kreativ visualisieren*, rororo, 1986

Grochowiak, Klaus/Haag, Susanne: *Die Arbeit mit Glaubenssätzen als Schlüssel zur seelischen Weiterentwicklung*, Schirmer Verlag, 2005

Hüther, Gerald: *Die Macht der inneren Bilder – wie Visionen das Gehirn, den Menschen und die Welt verändern*, Vandenhoek & Rupprecht, 2008

Osho: *Angst, Die Unwägbarkeit des Lebens verstehen und annehmen*, Goldmann, 2008

Osho: *Das Buch von Ego, von der Illusion des Ichs zur Freiheit des Seins*, Heyne, 2000

Reddemann, Luise: *Eine Reise von 1000 Meilen beginnt mit dem ersten Schritt, Seelische Kräfte entwickeln und fördern*, Herder, 2009

Robbins, Anthony: *Das Robbins Power- Prinzip*, Ullstein Verlag, 2004

Singh, Rajinder: *Die Weisheit der erwachten Seele,* Koenigsfurt-Urania, 2008

Singh, Rajinder: *Heilende Meditation*, SKP Verlag, Best Nr. B_PR006D

Sprenger, Reinhard: *Das Prinzip Selbstverantwortung*, Campus, 2007

Tolle, Eckhart: *Jetzt, die Kraft der Gegenwart*, Kamphausen, 2003

Tolle, Eckhart: *Eine neue Erde, Bewusstseinsentwicklung anstelle von Selbstzerstörung*, Goldmann Arkana, 2005

25

Die Autorinnen

Ingrid K. von Rohr ist Gesundheitscoach und in der Erwachsenenbildung tätig. Sie ist eine erfahrene Heilpraktikerin mit den Schwerpunkten Licht und Farbe, Antlitzdiagnose, Akupunktur gegen Süchte, Pflanzenheilkunde und sinnvolle Ernährung sowie klassische Homöopathie. Ihr besonderes Interesse gilt der Bewusstseinsforschung, um Menschen zu helfen und sie wieder in ihre innere Harmonie zu bringen.

Seit mehr als 25 Jahren führt sie ihre eigene Praxis am Stadtrand von München.

Vor vielen Jahren entwickelte sie den bekannten Heilblüten-Farbkarten-Test. Sie schrieb etliche Bücher zur Selbsthilfe, die in mehrere Sprachen übersetzt wurden.

Vor Jahren gründete sie die Akademie für Natürliche Komplementär-Medizin. Ihr fundiertes Wissen vermittelt sie in Coachings, Workshops und Seminaren, als Referentin auf internationalen Kongressen und als Coach für Farbgestaltung in Wirtschaft und Privathaushalten.

Dr. Gabi Pörner ist Psychologin, NLP-Lehrtrainerin und seit 22 Jahren selbstständige Trainerin und Coach für Führungskräfte, Leistungssportler und Privatpersonen. Sie ist sehr an mentalen Prozessen und Bewusstseinsforschung sowie fundierten Methoden zur Umsetzung interessiert, um andere Menschen bei ihrer beruflichen sowie privaten Entwicklung effektiv zu unterstützen. Ihre besondere Stärke liegt in der Verbindung von profundem Wissen, einem pragmatisch-ressourcenorientierten Ansatz und Humor. Sie ist zudem ausgebildet in Hypnotherapie, Realtherapie, Somatic Experiencing, einer hochwirksamen Methode zur Lösung von massivem Stress und Trauma. Ihre Trainingsprogramme mit den Schwerpunkten Führung, Veränderungskompetenz, Persönlichkeitsentwicklung und mentale Stärke führt sie seit vielen Jahren international erfolgreich für Unternehmen durch.

Im Dialog mit der Seele

HORST KROHNE
Geistheilung
Dialog mit der Seele
Geb. € [D] 18,00
€ [A] 18,50, sFr 32,90
ISBN 978-3-7934-2186-3

Horst Krohne fragt nicht, warum wir krank werden, sondern wie wir gesund werden können. Das von ihm in diesem Buch dargelegte Prinzip der Geistheilung beruht auf der Vorstellung, dass durch geistige Beeinflussung und Unterstützung der Patient sein körpereigenes Energiefeld wieder in den gesunden Urzustand zurück versetzen kann. Im Mittelpunkt stehen dabei Krohnes Erfahrungen mit dem Chakra-System, zu dem er in diesem Buch die erstaunlichen Behandlungsergebnisse der letzten fünf Jahre verarbeitet.